kaleidoskop

geschichten - gedichte — gedanken

Vorwort

Eine Sammlung von Gedanken, Gedichten und Geschichten präsentiere ich Ihnen und Euch, den Leser*innen, mit diesem Bändchen — ein buntes Kaleidoskop. Es sind Texte, die sich im Verlaufe der letzten etwa zehn Jahre angesammelt haben und auch neue Geschichten, die ich nicht in der Versenkung verschwinden lassen wollte — vielleicht haben Sie / habt Ihr ein wenig Freude daran, ich wünsche es mir.

Vita

Karl-Heinz Knacksterdt, Jahrgang 1941, hat erst nach dem Eintritt in das Rentenalter seine Liebe zum Schreiben romanhafter Literatur entdeckt.
Er war lange Zeit ehrenamtlich in einer Kirchengemeinde in Oldenburg aktiv — Kirchenältester und Lektor waren dort seine Professionen. In seiner beruflichen Laufbahn hat er sich über vier Jahrzehnte mit Anwendungen der Informations-Verarbeitung befasst. Er ist seit nun 59 Jahren mit seiner Frau Annelie verheiratet; zwei verheiratete Kinder und zwei Enkel gehören zur Familie.

Bücher

Maria. Frau. Mutter. Heilige. 2014
Bathseba und David 2015
Eva und Adam 2017

im schwarzen kokon 2017
Im Netz der Algorithmen 2018
Der Soldat Jeremy Martinsen 2019

Robots Welt 2020

Gescheiterte Pläne 2020
Der Tote im Turm 2021
Der Tod kommt mit Linie 304 2022

kaleidoskop —

geschichten - gedichte - gedanken

von

Karl-Heinz Knacksterdt

Layout und Realisierung und Titelgestaltung:

Karl-Heinz Knacksterdt

© 2024

Bildnachweise siehe letzte Seite

Herstellung und Verlag:
BoD - Books on Demand, Norderstedt
ISBN 978-3759-71535-7

Inhaltsverzeichnis

Vom Wesen der Bücher

Ich möchte etwas über eine Welt voller Wunder erzählen, die Welt der Bücher.

Ein Universum der Bücher – etwas kaum Vorstellbares, aber es wäre eines voller Wunder! Nein, der Konjunktiv ist falsch, es gibt sie wirklich, diese Wunderwelt!

Bücher, die ganze Regalwände im Haus füllen, was sage ich da, sie füllen Säle, ja ganze Gebäudekomplexe. Und es gibt schier unendliche Universen der Bücher: Schöne alte und junge Gebäude, von Bibliotheken wie der British Library London bis zur Anna Amalia in Weimar und in vielen anderen Orten der Welt, alle voller Bücher! Die Existenz dieser Riesenmengen handgeschriebener oder gedruckter alter, von Hand erstellter Bücher und Folianten in ihrer Schönheit und auch die Zahl von 80.000 jährlicher Neuerscheinungen allein in unserem Land – sie übersteigt zumeist unsere Vorstellungskraft.

In Büchereien und Bibliotheken findet man wahre Schätze, aber ebenso in vielen Wohnungen! Wertvolle Bücher, schön und sicher präsentiert in gläsernen Vitrinen. Viele, viele wohlgeordnet in Regalen, meterhoch und -

breit, auf großen Tischen deponiert zur Sichtung, auf Fußböden gestapelt. In Kartons zwischengelagert, unter Bettdecken versteckt, in Taschen gequetscht oder unter den Arm geklemmt – Bücher überall, unübersehbar!

Die Welt der Bibliotheken und nicht zu vergessen auch der Buchhandlungen besteht also aus Schätzen, die bereits gehoben wurden und jetzt den Menschen zur Verfügung stehen. In ihren Lesesälen, an Leseplätzen in guten Büchereien finden wir schweigende, nachdenkliche, sich am Wort erfreuende, in die vor ihnen liegenden Werke vertiefte Menschen. Oftmals reisen einzelne Bücher (ob sie neugierig auf fremde Menschen sind?), sie werden also unterschiedlichsten Menschen zur Verfügung gestellt, um dann irgendwann (hoffentlich) wieder ihren angestammten Platz zu finden. Viele werden auch erworben und dann in ein anderes Regal gestellt. Eines ist dabei ganz toll: Wo ein Buch ist, kann keine Handgranate liegen, deshalb mein Aufruf an alle Waffenhersteller: Produziert Bücher statt Panzer und die Welt wird deutlich friedlicher!

Die Bücher werden in unterschiedlichster Weise geordnet, verwaltet, katalogisiert. Sie werden zum Beispiel, wie bereits gesagt, in Bibliotheken gehalten (so ungefähr wie in einer Legebatterie für Hühner, aber oftmals klimatisiert), mit geheimnisvollen Buchstaben- und Ziffernkombinationen beschriftet, die kein Mensch deuten kann, so meine ich jedenfalls, aber korrigieren Sie mich ruhig, wenn ich damit  falsch liege. Aber es soll ja diese schlauen Geräte wie

Computer (die im Gegensatz zu den ähnlich zu rufenden Tieren nicht essbar sind) geben, die sie zu deuten wissen. Wenn man einen dieser Computer mit solch einem geheimnisvollen Code füttert, bedankt er sich nicht einmal dafür, zeigt aber in seinem Gesicht, dem Bildschirm den Namen des Buches und seines Autors oder seiner Autorin (dazu komme ich später).

Ein Buch ist ein zusammengepappter, mehr oder weniger sinnhaft beschrifteter Stapel Papier. Dieser Stapel wird zumeist vorn und hinten mit einem Deckel versehen und an einer Seite zusammengenäht oder auch nur geklebt oder beides. Der vordere Deckel ist zumeist nett anzusehen oder es steht nur etwas darauf, nämlich der Titel, hinten steht eigentlich immer ein längerer Sermon, den sich ein kluger Mensch in einem sogenannten Verlag (siehe weiter unten) hat einfallen lassen.

Alle Bücher, die es gibt, wurden von einem Autor oder einer Autorin erfunden, in einen Computer (siehe oben) oder einen Laptop (welche Verballhornung des schönen Wortes ‚**TOPfLAP**pen‘) eingetippt und dann zu einem Verlag geschickt. Bei den alten Büchern, als die Com-Puter noch nicht lebten, schrieb man mit der Hand und so weiß man manchmal nicht, wer es geschrieben hat (wegen der schlechten Handschrift, damit kommt kein Grafologe zurecht, aber die hatten damals beim Schreiben auch keinen Laptop!).

Das Buch, wenn es sich um ein jüngeres handelt und es nicht schon mehrere Jahrhundertwenden auf dem Buckel, Verzeihung, dem Buchrücken hat, wird zumeist von einem Verlag herausgegeben. Der Verlag heißt so, weil Mitarbeitende dort manchmal etwas verschusseln, eben verlegen, es dann längere Zeit suchen müssen, bis sie es wiederfinden und das Buch dann gnädig, nach einer gewissen Wartezeit selbstverständlich wegen der Spannung, an Leute kostenpflichtig herausgegeben wird, was oftmals als große Gnade empfunden werden darf.

Es gibt wie bereits gesagt alte und neue, wertvolle und weniger wertvolle Bücher. Der Wert eines Buches wird sehr unterschiedlich bemessen. Bei den sehr alten Büchern, bei denen das Papier schon ganz gelb und der Deckel aus Leder ist, geht der Wert, glaube ich, nach Gewicht, denn sie sind zumeist sehr groß und dick und schwer, manchmal scheint auch der Jahrgang dabei eine Rolle zu spielen. Viele von den ganz alten Büchern sind innen auch hübsch angemalt. Der Nachteil dieser Bücher ist, dass man sie nur besitzen, aber nicht lesen kann, weil die Schrift so verschnörkelt ist.

Jetzt möchte ich etwas zu Bücherbesitzern sagen, bevor ich mich zu den Verwendungsmöglichkeiten von Büchern äußere.

Bücherbesitzer (muss ich jetzt *innen schreiben, nur weil es Frauen und Männer, sogar Kinder sein können?), nein, ich hab's, Bücherbesitzende(!) sind glückliche Menschen, ich denke, auch friedliche, meistens jedenfalls (jedenfalls, solange sie gerade lesen). Wenn diese Menschen ein Buch in der Hand haben, sitzen sie gemeinhin auf einem Stuhl, einer Bank, im besten Falle gemütlich in einem Sessel oder sie liegen im Bett. Schon allein diese Körperpositionen verhindern oftmals, aggressiv anderen Personen in ihrer Nähe körperlich Leid zufügen zu können, oder kann man sich eine Schlägerei im Bett vorstellen? Lesende sind neugierig auf alles, was ihnen in einem Buch gesagt wird, fiebern mit den Protagonisten mit, lachen, weinen, zittern manchmal vor Aufregung. Sie gruseln sich in Thrillern, träumen mit Liebenden, weinen mit Traurigen – kurzum die ganze Welt der Emotionen spiegelt sich (Ausnahmen gibt es immer!) in den Lesenden wider.

Es gibt Menschen, für die sind Bücher Dekorationsobjekte. Sie kaufen, um ihren hohen Bildungstand zu dokumentieren, ganze Bücherwände einschließlich Inhalt, ohne jemals ein Buch in die Hand nehmen zu wollen (mit Ausnahme ihres Scheckbuches). Andere wiederum, die im Verlaufe ihres Lebens wahre Schätze an Büchern sammeln konnten, sind nicht in der Lage, sich dauerhaft von ihren Lieblingen zu trennen. Die/der normale Lesende aber liegt irgendwo in der Mitte: Er oder sie beschafft sich Bücher durch Kauf oder Schenkung oder Ausleihe, liest es mit mehr oder weniger Interesse und entsorgt es durch Weitergabe oder in einen Papiercontainer, der aber mit dem Inhalt eines Buches wirklich nichts anfangen kann, er ist also der definitiv falsche Empfänger!. Nicht gut betuchte Menschen hingegen freuen sich über jedes Buch, das sie erhalten und gewinnen es lieb. Wieviel Freude würde es solchen Menschen machen, in einem Buchladen zu stöbern und sich in von ihnen bisher Ungelesenes vertiefen zu dürfen, ohne sich dafür in irgendeiner Hinsicht einschränken zu müssen!

Jetzt folgen einige wenige Worte zum Thema ,Verwendungsmöglichkeiten für Bücher'. Generell kann man sagen, dass ein Buch ein Kulturgut ist, selbst wenn es subjektiv oder auch objektiv betrachtet inhaltlich nicht gut ist (wobei, wie immer in der Kunst, der Wert im Geiste des Betrachtenden respektive Lesenden liegt). Wenn man ein

Buch in Besitz nimmt, das man als für sich nicht geeignet hält, sollte man es entweder a) ins Regal zurückstellen und später wieder zur Hand nehmen oder b) an jemanden weitergeben, der es zu schätzen weiß, denn jedes Buch verdient es, gelesen zu werden, schließlich hat die/der das Buch Schreibende viel Arbeit darin investiert.

Manches wurde von mir ja bereits gerade zum Thema ‚Verwendung‘ gesagt, es dient bekanntermaßen der Unterhaltung oder der Bildung oder beidem. Aber es gibt weitere Verwendungs-/Einsatzmöglichkeiten für Bücher, die ich hier zum Abschluss noch kurz empfehlen möchte:

Da ist der Einsatz zu Dekorationszwecken (siehe oben), bei dem zumindest der Buchrücken einen gewissen Wert für mögliche Betrachter darstellt. Ein anderer Zweck kann sein, ein einzelnes Buch unter einen wackligen Tisch zu legen, um dessen Stabilität wieder herzustellen. Denkbar ist auch ein Bücherstapel (Achtung, Formate beachten) als Podest für eine Topfpflanze, allerdings schadet das Gießen der Pflanze u.U. den Büchern. Letzter von mir hier genannter Verwendungszweck ist die Verwendung als Wurfgeschoss im Streitfall, hier sollte darauf geachtet werden, dass sich in der Flugbahn keine gefüllten Blumenvasen befinden. Ach ja, man kann Bücher auch lesen, echte Bücherwürmer verschlingen sie sogar!

schwarze vögel

sie sitzen im baum
auf der anderen seite der
straße
sehen zu mir herüber
beobachten mich mit starrem
blick

einzelne fliegen auf
umrunden mich im abstand
setzen sich wieder in das geäst

lautes krächzen
krah, krah, krah, krah
ein wenig angst steigt in mir auf
hitchcock's vögel
kommen mir in den sinn

was wäre
wenn diese vögel
die herrschaft über uns bekämen?

sie sitzen im baum
auf der anderen seite der straße
ganz nahe bei mir, bei uns

herr, erlöse uns von dem bösen

Der Wechsel

Sein Kopf brummte noch von dem reichlichen Alkoholgenuss am gestrigen Abend und jetzt war er irgendwie, irgendwo! Ein totaler Blackout hatte alle Erinnerungen an den Abend und die Nacht getilgt …

So schrecklich unbequem war das Möbel nicht, auf dem man ihn fixiert hatte, es schien einer der modernen Relax-Sessel zu sein – dennoch, in der Finsternis ohne jedes Außengeräusch, ohne jede Art von Kommunikation zu sein, war schon ein wenig belastend, um es vorsichtig auszudrücken. Hinzu kam, dass er keine Ahnung hatte, weshalb und von wem er nach hier verschleppt worden war! Sollte er erpresst werden? Sinnlos, bei ihm als kleinem Büroangestellten war nichts zu holen, also schied das aus. Hatte er etwas Verbotenes getan? Ihm war nichts bewusst, was für eine Entführung hätte reichen können – ja, die kleinen Mogeleien in der Firma vielleicht, aber … Oder gestern mit den Kumpels die Sauferei? Er konnte sich allerdings nicht mehr an alles erinnern, nicht einmal, wie er schließlich wieder in seiner kleinen Wohnung gelandet war.

Wie viele Stunden er so in der Laut- und Lichtlosigkeit bisher verbracht hatte, konnte er nicht abschätzen, waren es zwei oder drei oder gar mehr Stunden? Seine Erinnerung hatte in seiner Situation schon etwas gelitten, hinzu kam das wirklich penetrante Tropfen eines Wasserhahnes – oder war das Dach undicht? Er konnte es nicht feststellen. Aber dass es um die Mittagszeit war, als man ihn mit brutaler Gewalt in den schwarzen Kombi gezerrt hatte, das erinnerte er. Er erinnerte auch, dass die Männer schwarze Overalls und Sturmmasken getragen hatten, wie zu dem Zeitpunkt unschwer von ihm zu erkennen war, bevor man ihm die Augen verbunden und den Mund verklebt hatte.

Die Fahrt mit dem Kombi hatte nur etwa dreißig oder vierzig Minuten gedauert, dann hatte man ihn in diesen Raum gebracht und auf dem Sessel fixiert, die Augenbinde und den Klebestreifen vom Mund abgenommen. Er hatte versucht, mit seinen Entführern ins Gespräch zu kommen – alle Versuche liefen ins Leere und jetzt saß er seit einer gefühlten Ewigkeit hier in dieser dunklen Stille, vom Tropfen eines Wasserhahns einmal abgesehen.

Irgendwann war eine sanfte Frauenstimme zu hören:
„Hallo, sind Sie wach?", sagte sie, „bitte sagen Sie mir Ihren Namen!"

Er brauchte einen Moment, um zu realisieren, dass jemand mit ihm sprach, dann meinte er mit Ärger in der Stimme: „Ohne Ihnen zu nahe treten zu wollen, sollten Sie sich vielleicht zunächst vorstellen, denke ich, da ich in dieser misslichen Lage bin und nicht Sie!"

„Oh, Verzeihung, wie unhöflich von mir", säuselte die Stimme, „ich bin Gwendela und für die nächste Zeit Ihre Betreuerin. Aber jetzt sagen Sie mir bitte Ihren Namen."

Er war, sich der jüngsten Ereignisse erinnernd, verwundert, eigentlich hatte er in seiner Situation eine energische, grobe Männerstimme erwartet: „Gwendela, ich darf Sie doch so anreden? Also, Gwendela, mein Name ist Gerold A. Paulsen."

„Ach, Paulsen? Und wieso Gerold A.? Stimmt nicht!"

„Ich lüge Sie nicht an, schauen Sie in meinen Ausweis, da steht es schwarz auf weiss. Das ‚A‘ steht bedauerlicherweise für Adolf.“

„Sehr interessant, wir hätten auch das ‚A‘ gewählt, wenn wir vor dem Problem gestanden hätten. Also Gerold Adolf Paulsen? Fake, mein Herr, warum lügen Sie mich an? Ihr Ausweis wurde von uns genauestens überprüft“, säuselte die sanfte Stimme, „er wurde gefälscht, zwar sehr gut gemacht, aber es ist eine Fälschung! Wie ist Ihr richtiger Name?“

Er begann, verärgert zu werden, warum hätte er einen gefälschten Ausweis haben sollen, schließlich hieß er schon seit seiner Geburt so: „Gerold A. Paulsen! Ich weiß nicht, weshalb ich hier gefangen gehalten werde und was Sie von mir wollen, ich will sofort hier raus. Was immer Sie von mir denken – es ist FALSCH im Gegensatz zu meinem Ausweis – der ist nämlich echt!“ Bei seinen letzten Worten war er ziemlich laut geworden.

„Wahren Sie bitte die Regeln der Höflichkeit, lügen Sie mich nicht weiter an. Ihr Name ist René Donany und das wissen Sie genau. Wenn Sie kooperieren, sind Sie schon in kurzer Zeit wieder in Freiheit, in einer Freiheit, wie Sie sie kaum erträumen können – wenn nicht, dauert es etwas länger, entscheiden Sie sich. Sofort können wir Sie natürlich nicht gehen lassen!“

„Ich will hier sofort raus, binden Sie mich los, dann könnte ich mir überlegen, nicht zur Polizei zu gehen!“

Aus dem Lautsprecher kam ein leises Lachen: „Sie zur Polizei? Bei Ihrer Vergangenheit, die allgemein bekannt ist? Tut mir leid, machen Sie sich nicht lächerlich, Donany! Aber noch einmal meine Bitte um Ihre Entscheidung: Kurze oder längere Zeit bei uns, was ist Ihnen lieber? In Kürze wird ohnehin etwas geschehen, das Ihre Urteils- und Entscheidungsfähigkeit massiv beeinflussen wird, ALSO?"

Aus der Dunkelheit trat während des Gespräches jemand zu ihm, er hörte leise Schritte. Bevor er antworten konnte, drückte man ihm eine Atemmaske vor Mund und Nase – ein süßlicher Geruch, der ihn an Lachgas erinnerte, strömte in seine Lungen.

Eine Todesangst ergriff ihn, er wollte um Hilfe rufen, schreien, flehen. „So, Herr Donany, das war ein Vorgeschmack", hörte er noch Gwendelas sanfte Stimme, bevor er ins Nirwana versank, „lassen Sie ab jetzt die Jammerei, sie bringt keinen Nutzen, weder Ihnen noch uns."

„Ich bin nicht der Donany, ich bin ..."", seine Stimme schwand, er wurde bewusstlos.

Gwendela sprach jetzt mit der Person, die Gerold betäubt hatte: „Ist der OP bereit? O. K., dann ab mit ihm, passen wir ihn seiner neuen Identität an."

Er wusste nicht, wie lange er in der Betäubung verbracht hatte. Als er erwachte, war er nicht mehr in der Finsternis, die ihn so geängstigt hatte, sie war einem hellen, den ganzen Raum erfüllenden Beleuchtung gewichen – jetzt konnte er wegen der Helligkeit nichts sehen! Als sich seine Augen daran gewöhnt hatten, erkannte er in seiner Umgebung Geräte eines Operationssaales, was seine Ängste verstärkte. Ein ganz in einen grünen OP-Anzug gekleideter Mann trat an seine Liege, legte seinen Arm frei. Ehe er protestieren konnte, wurde ein Zugang in die

Armvene gelegt und ein Narkosemittel gespritzt. Das Letzte, was er hörte, bevor die Narkose wirkte, war: „Dann wollen wir mal, hast du das Foto, Jerry?"

Es war jedoch nicht nur ein gebräuchliches Narkosemittel, das ihm injiziert wurde: Einer seiner Bestandteile war ein bestimmtes Antidepressivum, das Amnesien auslösen konnte. Er sank in eine tiefe Schwärze, während der ihm eine Stimme Fakten und Ereignisse des Wochenendes einflüsterte, Fiktionen inbegriffen.

Ich bin René Donany. Am vergangenen Sonntag hat sich mein Leben verändert.

Es war wirklich ein wunderschöner, sonniger Tag, als ich mit meinen Freunden die Radtour unternommen hatte. Für mich war es ein ungewöhnliches Unterfangen, einfach so mit Freunden unterwegs zu sein, ich war eigentlich ein Einzelgänger, mehr an Theater und Konzerten interessiert. Dieser Tag war für uns Männer bestimmt, es war wie eine Vatertagstour, wie ich sie einmal als junger Mann unternommen hatte. Wir hatten alles dabei, was die Fahrt durch Wald und Flur an diesem Sonntag zu einem reinen Männervergnügen machte, Bier, Kurze, Snacks, sogar Musik aus einem Booster. Irgendwann kreuzte unseren Weg eine Frauengruppe, eine wie wir selbst trotz der frühen Nachmittagsstunde bereits sehr fröhliche, ausgelassene Truppe. Die Damen schienen näheren Kontakten nicht abgeneigt, eine dralle, leichtgeschürzte Dame namens Melanie, die mich nicht zu kennen schien, kam mir sofort ziemlich nahe, was mir nicht unangenehm war. Der Tag verlief, wie ein solcher Tag verlaufen musste: Gegen Abend war die gemischte Gruppe bei einem Landgasthof angekommen, in dessen Gaststube fröhlich weitergefeiert wurde – irgendwann fand ich mich mit Melanie nackt in einem der Gastzimmer wieder. An die unmittelbar vorhergehenden Stunden konnte ich mich nicht erinnern, mein Alkoholspiegel hatte ein für mich unbekanntes Maß erreicht.

Ich schrak hoch, weil auf dem Flur plötzlich Lärm war und war schlagartig wieder nüchtern: Melanie lag bewegungslos neben mir im Bett, ich versuchte, ihren Atem zu spüren, schlug ihr ins Gesicht. „Wach auf, Melanie, um des Himmels willen wach auf", aber Melanie wachte nicht auf, sie schien tot zu sein!

Als er aus der Narkose erwachte, war sein erster Gedanke „*Ich bin René Donany*". Er war er nicht mehr gefesselt, konnte alle Glieder wieder bewegen, lag anscheinend in einem Krankenbett in einem komfortabel ausgestatteten Raum, der an ein Hotelzimmer erinnerte, Bett, Schreibtisch inclusive der Utensilien, Sessel, Stuhl, Kofferbank. Eine weiß gestrichene Tür schien in ein Bad zu führen, den Ausgang versperrte allerdings eine sehr massiv wirkende eichene Holztür.

Zunächst versuchte er, sich zu erheben, um die neue Umgebung zu erkunden – sofort ließ ihn ein massiver Schwindel wieder auf die Liege sinken, so musste er mit den Händen erkunden, was mit seinem Kopf geschehen war. Anscheinend hatte man ihn fast vollständig bandagiert, nur Augen, Nase, Mund und Ohren waren noch frei.

Seine Versuche, die Bandagen zu lösen, endeten sofort mit fürchterlichen Schmerzen, ihm schien, als habe man ihm die Gesichtshaut entfernt, so sehr brannte die betroffene Stelle. Er versuchte, durch lautes Rufen jemanden zum Kommen zu motivieren, aber alle Versuche gingen zunächst ins Leere.

Nach geraumer Zeit, wobei ‚Zeit' für ihn inzwischen ein sehr unklarer Begriff geworden war, hörte er aus einem für ihn nicht sichtbaren Lautsprecher wieder Gwendelas sanfte Stimme.

„Da sind Sie ja wieder, René, wie schön, dass Sie wieder unter den Lebenden sind. Ich möchte Ihnen kurz berichten, was sich in den letzten Tagen zugetragen hat. Nein, warten wir damit, darf ich Ihnen zunächst das Frühstück bringen lassen? Es wird natürlich etwas schmerzhaft, aber Sie sind ja ein 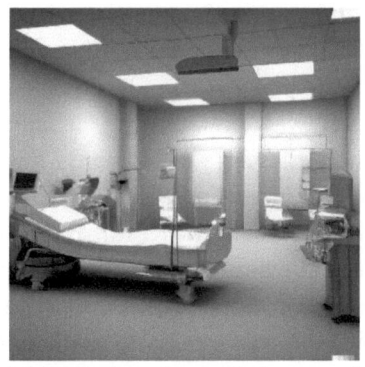 ganzer Mann, wie Sie bei Melanie bewiesen haben und werden es überstehen"

„Nein, erst berichten, dann Frühstück bitte! Melanie, Melanie – irgendwie kommt da etwas aus meiner tiefen Erinnerung hoch. Ich verstehe das alles nicht, habe ich mit dieser Melanie irgendwas zu tun?"

„Aber René, Sie müssen doch wissen, dass Sie Sex mit ihr hatten?"

„Ich, Sex mit einer Melanie? Das wüsste ich aber! Ich weiß nur, dass ich nichts weiß!"

„Ich will Ihnen auf die Sprünge helfen, um Ihre Erinnerung wieder aufzufrischen. Passen Sie auf: Am Sonntag hatten Sie eine Sauftour mit Ihren Freunden, da haben Sie die Melanie erobert. Sie haben sich am nächsten Morgen klammheimlich aus dem Staub gemacht und sind von uns dann gefunden worden. Wenn die Polizei Sie erwischt hätte, säßen Sie jetzt im Knast wegen Mord oder Totschlag! Aber jetzt kommt erst einmal Ihr Frühstück."

„Ich soll eine Frau umgebracht haben? Noch etwas, warum nennen Sie mich immer wieder René? Wieso bin ich hier, war ich nicht vor Kurzem noch in einem dunklen Raum eingesperrt? Ich bin völlig durcheinander!"

Gwendela schwieg. In einer der Seitenwände öffnete sich eine für ihn bis dahin unsichtbare Tür, durch die ein kleiner Service-Roboter hereingesurrt kam: „Bitte sehr, Herr Donany, Ihr Frühstück!" Das Tablett, das er auf einem beweglichen Arm mitgebracht hatte, wurde auf dem kleinen Schreibtisch deponiert, dann verschwand der Kleine mit einem freundlichen „Guten Appetit" wieder hinter der unsichtbaren Tür.

In seinem Verstand lief vieles nicht mehr in geordneten Bahnen. Manchmal meinte er ein ganz anderer zu sein, Gerold mit Namen, aber dann tauchte immer wieder der Name René in seinen Gedanken auf. Ja, an eine Melanie erinnerte er sich, aber nicht, dass er mit ihr im Bett gewesen wäre und ein Kidnapping auf offener Straße war ihm auch nur noch schwach in der Erinnerung – er konnte Fiktion und Realität nicht mehr auseinanderhalten!

Gwendela schien ihn zu beobachten, wartete ab, bis er gefrühstückt hatte, bevor sie ihn wieder ansprach: „Sie fragten, warum ich Sie mit René anrede? Ganz einfach, weil Sie René sind! Details später, ich verabschiede mich kurz, das Team kommt gleich zur Visite."

Tatsächlich öffnete sich nach wenigen Minuten die schwere Holztür und eine Gruppe weiß gekleideter Personen trat ein, sie wirkten wie Klinikpersonal, Ärzte und Schwestern – alle trugen an ihren Kitteln ein Emblem mit den Buchstaben „ZPPO".

„Wen haben wir denn da?", fragte eine männliche Stimme, die zu dem grauhaarigen älteren Herrn gehörte.

„Patient René Donany, achtundvierzig, ledig, Physis-Anpassung zweiten Grades, die OP war vor drei Tagen." Die Antwort kam sofort von einer der Schwestern.

„Na, dann schauen wir mal, wie sie verlaufen ist. Schwester, bitte leicht sedieren, sonst schreit er so wie der Patient in der Vier!"

Gegen die Injektion konnte er sich nicht wehren, war doch noch immer ein Zugang in seinem rechten Arm. Sekunden später wirkten die Leute um ihn herum verschwommen, er spürte leicht, dass sich der Grauhaarige an seinem Gesicht zu schaffen machte.

„Na, das sieht doch schon ganz gut aus. Schwester, notieren Sie: unsere Spezial-Micro-Salbe über drei Tage, dreimal täglich. Heute noch einmal bandagieren, nach 24 Stunden die Verbände entfernen, dann kann er sich hier in seinem Zimmer frei bewegen, bis dahin absolute Bettruhe und Suggestions-Bearbeitung." Er drehte sich zu seinem Patienten: „Alles Gute!"

Mit diesen Worten verschwand die ganze Armada mit Ausnahme einer Schwester, die ihm eine Salbe dick auf die höllisch schmerzenden Stellen des Gesichtes auftrug und es anschließend fachgerecht bandagierte. Mit den Worten „Bitte halten Sie den Arm still, ich muss Ihnen noch eine Spritze geben" hatte sie ihm blitzschnell eine Injektion verabreicht, die ihn ins Reich der Träume schickte, anschließend setzte sie ihm eine Art EEG-Helm vorsichtig auf den Kopf.

Es kam ihm vor, als schwänden aus seinem Gehirn alle Erinnerungen an die unmittelbaren Ereignisse und auch an die schon zurückliegenden Zeiten. Er fühlte sich so entsetzlich – ja, man könnte sagen – er fühlte sich wie leergespült, wusste fast nichts mehr von seinem bisherigen Leben, nur Bruchteile der jüngsten Zeit waren noch in seinem Gedächtnis geblieben. Erneut erfolgten Einflüsterungen, die seine Erinnerung an das Leben vor dem Aufenthalt hier fast vollends auslöschten. Zeit war für ihn wieder einmal kein Faktor, er wusste nicht, ob Minuten oder Tage seit dem Arztbesuch vergangen waren, als ganz langsam aus der Betäubung erwachte: „Wo bin ich, wer bin ich?" waren die wichtigsten Fragen. Aus dem Lautsprecher des Raumes, in dem er sich noch immer befand, ertönte die sanfte Stimme von Gwendela, den ‚Helm' hatte man wieder entfernt.

„Hallo, René, zurück im hier und jetzt?" Die Frage war natürlich rein rhetorisch, schließlich konnte sie erkennen, dass er wieder wach war. „Bevor Sie fragen: Sie sind in der ‚ZPPO', der Fachklinik für physische und psychische Optimierungen. Sie sind René Donany, aber das wissen

Sie ja bereits. Bitte erzählen Sie mir von sich, wer Sie sind, was Sie beruflich machen, ob Sie Familie haben – ich möchte ALLES von Ihnen wissen, schließlich mag ich Sie, vielleicht kommen wir uns ja einmal etwas näher, wäre das nicht schön? Oh, Verzeihung, ich vergaß mich vorzustellen: Ich bin Gwendela, Ihre Betreuerin!"

„Gwendela? Kenne ich Sie? Habe ich den Namen schon einmal gehört? Ja, könnte sein. Egal, aber sagen Sie mir, was diese dummen Bandagen um meinen Kopf herum sollen!"

„Oh, René, Sie sind operiert worden und Ihre Haut ist deshalb noch sehr empfindlich. Sie sollten den Verband behalten, bis er von einer Schwester abgenommen wird."

„Man hat mich operiert? Warum? Hatte ich einen Unfall oder Ähnliches?"

Gwendela lachte ganz leise aus dem Lautsprecher: „Njaa, so etwas Ähnliches. Muss ich Ihnen wirklich sagen, was Sie mit der armen Melanie gemacht haben?"

„Ich habe NICHTS mit einer Melanie gemacht, ich kenne sie nicht, warum glauben Sie mir nicht?"

„Weil Sie Melanie umgebracht haben, sie ist an einem Herzinfarkt gestorben, weil Sie sie im Bett überfordert haben, Sie waren einfach zu, sagen wir, zu intensiv!"

„Entschuldigung, aber Sie spinnen! Ich, die Frau durch sexuelle Aktivität umgebracht? Lächerlich!"

„Und trotzdem ist es so, Melanie hatte Herzprobleme."

„Dann kann es ja nur ein Unfall gewesen sein, aber wie bereits gesagt, nicht mit mir, ich kenne die Frau nicht." Trotz dieser vehementen Äußerung war da ein leichter Erinnerungsfetzen vorhanden: Melanie – Freunde – Sauferei … Aber kam er aus tatsächlicher Erinnerung oder aus seinem neuen Wissen? Oder aus beidem?

„René, bitte erzählen Sie von sich, ich habe ja schon gesagt, dass ich ALLES von Ihnen wissen möchte und auch will, es ist extrem wichtig!"

Er dachte nach, eine Minute, zwei Minuten – Gwendela war geduldig, sie kannte solche Situationen, schließlich arbeitete sie schon ein paar Jahre für das ZPPO.

„Es gibt nichts zu erzählen, Gwendela, absolut NICHTS, das Sie nicht schon wüssten!"

„Oh, das erstaunt mich, René, trotzdem sollten wir einmal Aug' in Auge miteinander reden! Würde es Ihnen helfen, wenn wir uns bei einer Tasse Kaffee in der Cafeteria zusammensetzten? Ich müsste mir allerdings dazu eine Sondergenehmigung einholen ...".

„So, wie ich aussehe? Mit den Bandagen um den Kopf? Nein, dazu bin ich nicht bereit. Das Einzige, was mich interessiert, ist meine Freilassung, egal, wie und wohin. Ich will einfach hier weg!"

„Aber René, sind Sie nicht neugierig auf mich, Ihre Betreuerin? Wir haben doch schon so viele Stunden miteinander geplaudert, meinen Sie nicht, ein persönliches Kennenlernen wäre an der Zeit? Ich könnte Ihnen auch vieles von Ihrer Melanie erzählen, Ihnen ein Foto von ihr zeigen!"

„Nein, das will ich alles gar nicht wissen. Überhaupt – was heißt hier ‚meine Melanie'? Sehen Sie zu, dass ich die Lumpen in meinem Gesicht wieder loswerde, und sagen Sie Ihren Leuten, dass ich hier raus will, das ist alles!"

„Ach, René, Sie enttäuschen mich, machen mich traurig, ich hätte Sie so gern persönlich kennengelernt. Aber keine Sorge, in ein paar Tagen ist Ihr Gesicht wie neu", sie lachte leise in sich hinein, „dann reden wir noch einmal über das Thema! Wie gesagt, drei, vier Tage, dann sind Sie wieder richtig ansehnlich!"

Die Nacht kam und zuvor wieder eine Schwester mit der Injektion. Es wurde ihm anschließend wieder der Helm aufgesetzt, er wurde erneut diversen Einflüsterungen ausgesetzt, die ihm Ereignisse und Stationen aus einem fremden Leben suggerierten – nach dem Erwachen war er wieder einmal völlig verwirrt, denn sein altes und das suggerierte Leben vermischten sich.

An diesem Morgen war die Stimme von Gwendela, an die er sich schon gewöhnt hatte, nicht zu hören, stattdessen kam erneut die Mannschaft der Ärzte und Schwestern, um sein Gesicht zu inspizieren.

„Erstaunlich, dieser Heilungsprozess, noch 24 Stunden, dann sind Sie wie neu, Herr", er überlegte einen Augenblick, „Herr Paulsen, nein, Sie sind ja der Herr Donany!"

„Haben Sie einen Moment Zeit für mich, Doktor Wenzel?" Der Name stand auf dem Namensschild auf der Brusttasche. „Tut mir leid, ich komme später noch einmal vorbei, Donany. Die anderen Patienten warten auf mich." Der Herr Doktor schien in Eile zu sein.

Der Tag schlich, wie schon so einige in der letzten Zeit, mit der Geschwindigkeit einer Schnecke dahin. Ohne den Kontakt zu Gwendela war er zudem noch äußerst langweilig, er musste sich eingestehen, dass ihm ihre sanfte, zumeist einfühlsame Stimme ein wenig fehlte. Er versuchte, dieser Frau in seiner Vorstellung ein Gesicht und einen

Körper zu geben – ein zugegebenermaßen sehr spekulatives Unterfangen. Es mag etwa siebzehn Uhr gewesen sein, als tatsächlich Doktor Wenzel an sein Bett trat.

„Nun, Herr Donany, was kann ich für Sie tun?"

„Doktor, alles hier an mir und um mich herum, all mein Denken und Fühlen ist mir fremd. Ich weiß nicht, wo ich bin und wer und warum, weiß nicht, weshalb ich die Schmerzen im Gesicht habe und auch nicht, weshalb ich überhaupt lebe!"

„Das verstehe ich sehr, Herr Donany, vielen unserer Patienten ergeht es ähnlich, sie finden sich mit ihrer neuen Identität nur sehr schwer ab", er sah nachdenklich auf den bandagierten Mann im Bett, „aber ich darf Ihnen versichern, Ihr neues Leben wird Ihnen gefallen!"

„Aber was soll das, ein neues Leben?"

„Nun, da gibt es mehrere schwerwiegende Gründe, die ich Ihnen aber hier und heute noch nicht darlegen darf, aber der Zeitpunkt dafür kommt recht bald, Sie dürfen schon gespannt sein! Sie kennen Gwendela? Sie wird Ihnen zu gegebener Zeit alles erklären, vielleicht treffen Sie sich doch einmal mit ihr, ich kann es Ihnen nur raten. Außerdem ist sie eine sehr interessante Person, Sie werden sehen! Jetzt muss ich mich leider für heute verabschieden, die Termine, Sie verstehen? Bis morgen bei der Visite!"

„Ja, bis morgen, Doktor!" kam es von ihm leise zurück.

Seine Nacht war ruhig, wenn nur dieser verdammte Helm nicht wäre, den man ihm wieder aufgesetzt hatte und den er nicht lösen und abnehmen konnte … Die Gesichtsschmerzen waren nicht mehr vorhanden, er hoffte, dass am kommenden Morgen der schreckliche Helm und auch die Bandagen dauerhaft abgenommen würden. So kam es tatsächlich: Die Visiten-Armada kam, der Helm kam ab, die Bandagen wurden entfernt. Doktor Wenzel war sehr zufrieden:

„Herr Donany, wunderbar, wie die Heilung ihrer Haut verlaufen ist! Wie fühlen Sie sich heute?" Er wartete die Antwort nicht ab: „ Ich empfehle ein Treffen mit Gwendela, Sie sollten es ins Auge fassen, sie kann Sie über so vieles ausführlich informieren – und Sie werden sie mögen! Wir zwei werden uns erst zu Ihrer Entlassung wiedersehen, bis dann!" Mit diesen Worten rauschte die ganze Armada wieder aus dem Raum und es dauerte keine fünf Minuten, bis die sanfte Stimme Gwendelas aus dem versteckten Lautsprecher zu hören war.

„Guten Morgen, René, ich habe gehört, dass es Ihnen recht gut geht. Mein Angebot auf ein Treffen in der Cafeteria steht, wie wäre es mit heute Nachmittag?"

„Bevor ich diesen Raum verlasse, muss ich erst einmal sehen, ob ich mich überhaupt sehen lassen kann, Gwendela, ich hoffe, Sie verstehen das!"

„Das verstehe ich durchaus, René. Sozusagen ‚unbesehen' dürfen Sie mir aber glauben: Sie sehen fantastisch aus."

„Sie können mich sehen? Hier, immer, Tag und Nacht? Ich bin entsetzt, das hatte ich nicht erwartet. Warum? Warum werde ich Tag und Nacht von Ihnen oder anderen beobachtet? Gwendela, ich bin von Ihnen enttäuscht! Gerade hatte ich mich entschlossen, mich mit Ihnen zu treffen – jetzt muss ich darüber erst nochmal nachdenken!"

„Bitte, René, ich habe nur meine Pflicht getan, schließlich waren Sie in einer enormen Stresssituation, wir konnten nicht wissen, wie Sie sich verhalten würden, mancher einer hätte vielleicht an einen Suizid gedacht – deshalb die permanente Beobachtung. Stehen Sie auf, René, ziehen Sie sich an und betrachten Sie Ihr Gesicht im Bad, ich habe den Spiegel freigeschaltet!"

Er folgte Gwendelas Empfehlung, ging ins Bad, sah den Spiegel, der zuvor nicht vorhanden zu sein schien und erschrak fürchterlich, denn aus dem Spiegel sah ihm ein anderer Mann entgegen, ein Mann, der ihm irgendwie bekannt vorkam, er konnte ihn jedoch nicht zuordnen.

„Wer bist du, Fremder, der ICH bin? Warum bist du jetzt ICH? Ich bin du, du bist ich, warum, warum, warum?" Er hämmerte mit den Fäusten gegen den Spiegel, der zu zerbrechen drohte. Dann kamen zweierlei Gedanken in ihm auf. „René Donany – das bin ich, der Mann, den ich im Spiegel sehe. Der Mann, der eine gewisse Melanie zu Tode geliebt haben soll. Der Mann, von dem ich fast nichts weiß. Zum anderen muss ich auch noch jemand anderes sein, jemand, der einen normalen Alltag gelebt haben muss, an den aber die konkrete Erinnerung ausgelöscht wurde!"

Ihm fiel der Helm mit den vielen Kabeln ein, den man ihm an jedem der letzten Abende immer aufgeschnallt hatte, die wirren Träume, die Einflüsterungen, die ihm eine Lebensstory suggeriert hatten. Und darin verborgen Spuren einer anderen Existenz, verschwommen, nicht zu seinem Gesicht passend, einer Existenz, die ganz einfach und gradlinig war. Seine aktuelle Existenz als René Donany schien von einer völlig anderen Art zu sein, in einer ihm unangenehmen Qualität.

Es galt, einen Entschluss zu fassen. Ja, er würde sich mit Gwendela treffen, zunächst auf neutralem Boden in der von ihr erwähnten Cafeteria. Dann würde man weitersehen. Dieser Entschluss gab ihm die Kraft, sein Gesicht, dieses fremde neue Gesicht erneut anzuschauen. Ja, er sah gut aus. Aber er kannte sich nicht, erkannte sich nicht – irgendwie war er vor seiner Zeit, die er hier verbracht hatte, ein anderer!

Gwendela schien ihn wieder beobachtet zu haben: „Sie sind für ein Treffen mit mir bereit? Ja? Dann öffne ich jetzt die Tür, hole Sie dort ab. Kaffee und Kuchen mit Ihnen genießen – ich freue mich schon darauf!"

Es dauerte nur eine, zwei Minuten, dann öffnete sich die schwere Tür, im Gegenlicht sah er die Silhouette einer anscheinend noch recht jungen Frau: „Kommen Sie, René, ich beiße nicht!"

Er fasste sich ein Herz, trat vorsichtig durch den Türrahmen, als befürchte er einen neuen Überfall. Vor ihm stand eine äußerst attraktive Frau von etwa dreißig Jahren. Eine wohlgeformte Figur, ebenmäßige feine Gesichtszüge, langes, über die Schultern herabhängendes Haar – dazu die Stimme ... Er war hin- und hergerissen, was sollte er von dieser Frau halten, wie sie einschätzen?

„Nun seien Sie doch nicht so zögerlich", hörte er die sanfte, jetzt etwas sarkastisch klingende Stimme Gwendelas, „wir gehen in die Cafeteria und reden. Oder möchten Sie lieber mit mir im Park spazieren gehen?"

„Gehen wir in den Park", das schien ihm unverfänglicher zu sein. Seine Stimme klang ziemlich heiser, die Frau beeindruckte ihn sehr: „Ja, in den Park!".

Sie durchquerten eine kleine Halle, von der mehrere Gänge abgingen, stiegen die Stufen zu der tiefer liegenden Etage hinab und traten durch die sich automatisch öffnende Glastür hinaus in den Park. Eine dezente Musik, anscheinend von einem Streichorchester gespielt, empfing sie, es war, als würde eine musikalische Decke über ihnen ausgebreitet.

Und dann diese Aussicht, dieser Blick: Perfekt zu Ornamenten gepflanzte, exakt geschnittene Buchsbaumhecken umrahmten die mit feinem Kies gestreuten und ordentlich geharkten Wege, intensiv grüne Rasenflächen. Ein Stück weit vor ihnen war ein Fontänen sprühender Springbrunnen zu sehen, in der Ferne eine Reihe hoher Bäume, das Ganze gestaltet mit Büschen und Sträuchern, dazu Farbtupfer in gepflegten Blumenrabatten – ein Traum von einem Park!

Er blieb abrupt stehen, atmete einige Male tief durch: „Wo zum Teufel sind wir hier? Was ist das für ein Park? Ich habe ihn noch nie gesehen, obwohl ich mich in unserer Stadt wirklich gut auskenne!" Er sah zu seiner Begleiterin hinüber, die es anscheinend vermied, ihn zu berühren.

„Nun, René, wir sind in einem Park, den es in keinem Stadtplan gibt, ich will Ihnen die Wahrheit sagen: Diesen Park gibt es nicht, überhaupt nicht, er ist rein virtuell!"

„Wie, rein virtuell?! Die Büsche, Sträucher, Bäume und Blumen, die soll es nicht geben? Sie sind doch unmittelbar vor mir, ich kann sie anfassen, abbrechen, auf den Boden werfen!" Er machte einen Schritt auf den vor ihm stehenden Holunderstrauch zu, wollte einen Zweig abbrechen – und griff ins Leere. Er konnte es nicht glauben, nicht realisieren, wollte näher zu einem dahinterstehenden Baum gehen, um dessen Rinde zu fühlen: Er ging dabei einfach durch den Holunderstrauch hindurch!

Gwendela lachte ihr leises gutturales Lachen. Konsterniert blieb er stehen, sah zu ihr: „Und Sie, sind Sie auch nur virtuell? Darf ich Ihnen die Hand geben, oder lösen Sie sich dann auf wie manche Figuren in Alien-Filmen?"

Entgegen seinen Befürchtungen nahm sie seine Hand und hielt sie fest: „Nein, René, ich bin eine Frau aus Fleisch und Blut, umarmen Sie mich, dann spüren Sie meinen Herzschlag! Dennoch freue ich mich jedes Mal, wenn ich einem unserer Gäste diese wunderbare Anlage vorführen darf."

„Aber wozu das Ganze, wer hat dieses riesige Hologramm, diese schöne Anlage geschaffen, welchem Zweck dient sie? Und warum sind Sie und ich überhaupt hier, warum hat man mein Gesicht in ein anderes verwandelt, warum durfte ich nicht mehr ICH sein?"

Gwendela schwieg einen langen Augenblick lang, sah ihn intensiv aus ihren tiefblauen Augen an: „René, die Stunde der Wahrheit ist gekommen, ich werde Sie in die Geheimnisse Ihrer Verwandlung und unseres Institutes einweihen, aber lassen Sie und noch einen Moment hier in dieser Pracht verweilen, sie auf uns wirken lassen, bitte!

Anschließend sollten wir tatsächlich einen Kaffee trinken und reden."

Sie verließen nach einigen Minuten den Park, hinter ihnen schloss sich die Glastür so, wie sie sich geöffnet hatte. „Ich bin von unserem Park immer wieder begeistert, René. Kommen Sie, hier entlang geht es ins Café."

Sie hatten in einer Nische des Raumes platzgenommen, von anderen Gästen war sie kaum einsehbar. Der Kaffee, schwarz und süß, wie er ihn liebte – diese Erinnerung war ihm geblieben – kam, kaum dass sie sich gesetzt hatten, und dazu auch noch ein Stück Schwarzwälder Kirschtorte. „In Ordnung so, René?" Für Gwendela wurde ein Mineralwasser gebracht, „Ich muss auf meine Figur achten, René." Er sah sie schweigend und zugleich erwartungsvoll an, blickte sich im Gastraum um – alles schien ganz normal zu sein.

„Das Café ist real, ganz analog, kein Hologramm, falls Sie so etwas befürchten." Sie nippte an ihrem Wasser. „Kommen wir zur Sache, Sie haben mindestens eintausend Fragen. Ich will versuchen, sie so kurz wie möglich zu beantworten.

Sie sind hier in der ‚ZPPO', der Fachklinik für physische und psychische Optimierungen, habe ich Ihnen schon mal gesagt, oder? Unsere Aufgabe ist die Schaffung neuer, perfekter Identitäten für reale und auch virtuelle Personen, Sie, René, sind eine solche virtuelle Person gewesen, bevor deren Identität von uns auf Sie als analogen Menschen übertragen wurde. Können Sie mir folgen? Nein, deshalb noch etwas genauer!"

Gwendela nahm einen Schluck Wasser, dann fuhr sie fort: „René Donany war, falsch, ist ein sehr erfolgreicher

Sänger und Liedermacher, der in den Sozialen Netzwerken Millionen Follower hat. Leider war er bisher eine reine Kunstfigur, ihn gab es nur digital, ein Avatar, zwar lebensecht, aber eben digital. Seine Schöpfer, ein Team aus Computernerds und einem finanzstarken Mäzen, werden aber inzwischen von den Fans so bedrängt, ihn live erleben zu wollen, dass sie sich entschlossen haben, ihn als reale Person und nicht nur als Avatar leben zu lassen."

„Und was habe ich damit zu tun?"

„Wir haben Sie lange beobachten lassen, zum Beispiel auch durch die natürlich noch lebende Melanie. Dabei haben wir festgestellt, dass Sie für die Übernahme des Jobs der optimale Mann waren, unabhängig, solide, gut gebaut. So haben wir Sie ausgewählt, Ihr altes Leben völlig beseitigt – es gibt Sie nicht mehr, in keinem Amt, bei keinem Arbeitgeber. Wir mussten nur Ihr Gesicht und Ihr Gehirn anpassen, das Letztere ist uns leider nicht zu hundert Prozent gelungen, aber das Gesicht ist optimal geworden. Sie sind jetzt dieser Sänger und Liedermacher, SIE sind der Mann mit zweieinhalb Millionen Followern, Sie sind der Mann, der hunderttausendfach gestreamt wird! Sie sind berühmt, Ihre Fans wollen Sie sehen, anfassen, Ihnen zujubeln, von Ihnen Autogramme haben."

„Ich? Aber ich kann doch nicht dichten oder gar singen, ich kann das nicht!"

„Richtig, singen ist nicht gerade Ihre Stärke, dann hätten wird neben dem Gesicht auch noch Ihre Stimmbänder optimieren müssen – aber das hätte auch schiefgehen können. Aber bei Ihrem Äußeren, da waren wir uns ganz sicher, dass es funktionieren würde, unsere Operateure sind erfahrene Spezialisten."

Er trank einen Schluck von seinem Kaffee, der inzwischen nur noch lauwarm war, der Appetit auf die Torte war ihm vergangen. Vor seinem geistigen Auge stellte er sich die auf ihn zukommenden Situationen vor, sie gefielen ihm ganz und gar nicht.

„Ich will das nicht, Gwendela, ich will nicht berühmt sein, Autogramme geben und derartigen Quatsch. Ich will einfach nur leben!"

„Ach, René!" Gwendelas Stimme war noch sanfter, eigentlich sogar erotisch. „Sie sind berühmt, sehr sogar! Sie können es nicht ändern, die Sache ist gelaufen. Wenn Sie in den nächsten zwei, drei Tagen dieses Institut verlassen, wird die Meute über Sie herfallen, werden Sie sich vor Jubel und Zuspruch kaum retten können. Aber Sie müssen deshalb keine Sorgen haben, wir haben bereits alles für Ihr zukünftiges Leben vorbereitet. Villa und Luxus-Limousine stehen bereit, Bodyguards und Hauspersonal sind engagiert, und für die menschliche Wärme haben wir ebenfalls gesorgt."

„Wie, für die menschliche Wärme haben Sie gesorgt, was bedeutet das?"

„Wenn Sie mögen, werde ich an Ihrer Seite sein und bleiben, Tag und Nacht! Wir werden heiraten, ich werde Sie zu Ihren Auftritten begleiten und Sie sogar im Bett verwöhnen, wenn Sie es wollen." Ganz leise fuhr sie fort: „Ich habe mich nämlich in Sie verliebt!"

Er fiel aus allen Wolken. Gwendela hatte sich in IHN verliebt? So, wie er früher war oder in den Schlagerfuzzi? Wollte sie nur ein luxuriöses Leben mit ihm haben oder war das Ganze tatsächlich ernst gemeint? Na ja, sie war ohne jeden Zweifel eine äußerst attraktive Erscheinung, eine Frau wie aus einer Lovestory. Diese Frau wollte IHN haben?

„Ich bin völlig verwirrt, Gwendela, keine Ahnung, was ich davon halten soll. Ein Leben in Luxus, dazu SIE als Frau? Wen lieben Sie, mein jetziges Ich oder mein früheres? Meinen Körper, mein Gesicht oder mein Wesen? Sie kennen mich doch kaum, nur als Gefangenen und als Kranken mit Bandagen um das Gesicht. Helfen Sie mir, sagen Sie mir, was wirklich ist! Ist das alles hier nur ein Traum, eine Fata Morgana? Mir ist schlecht, ich möchte wieder in mein Zimmer!"

Gwendela rückte den Stuhl ganz nah an seinen heran: „Du sagst, ich würde dich kaum kennen? Irrtum, René, ich kenn dich ziemlich genau, denn ich war es, die dich über Monate beobachtet hat und für den Job ausgesucht hat. Ich kenne auch deine Denkweise, dein Verhalten in vielen Situationen und ich liebe deine ganze Art, dein liebenswertes Wesen. Lass uns gemeinsam dein neues Leben gestalten, versuche, auch mich zu lieben, du wirst sehen, ich bin ganz vernünftig und auch pflegeleicht, wenn du verstehst, was ich meine. Ganz einfach gesagt: Heirate mich! Wir werden den Himmel auf Erden haben!"

Bevor er ein Wort antworten konnte, umfing sie ihn, küsste ihn intensiv. „René, bitte, weise mich nicht ab, ich liebe dich wirklich. Lass uns gemeinsam in die Zukunft gehen. Du kannst natürlich auch deinen neuen Weg allein gehen, ich werde dich nicht daran hindern, allerdings sehr, sehr traurig sein!"

„Gwendela, du bist eine Frau, deren Stimme ich seit einigen Tagen kenne und sehr mag. Du bist attraktiv und liebenswert, ich würde dich sehr gern in jeder Beziehung kennenlernen. Bitte gib mir ein paar Tage Bedenkzeit, sperr mich meinetwegen irgendwo ein, damit ich das alles verarbeiten kann, aber zwinge mich nicht jetzt zu einer Antwort."

„Entschuldige bitte, dass ich dich überrumpelt habe, du hast Recht mit der Bedenkzeit. Ich werde dich, wenn die Medizinmänner es erlauben, in meiner Wohnung unterbringen und in der Zeit zu meiner Freundin ziehen, ist das in Ordnung? Aber anschließend wirst du gnadenlos deinen Fans zum Fraß vorgeworfen – der Hype wird nicht zu bremsen sein, wenn ich nicht bei dir sein darf. Überlege es dir, du hast Zeit bis morgen Vormittag zur Visite, an der ich teilnehmen werde. Bitte, René, küss mich, ich liebe dich wirklich!"

Er wollte gerade ihren Kopf zärtlich umfassen, um sie zu küssen, als es plötzlich einen lauten Knall wie von einem Überschallflugzeug gab – unsanft war er aus dem Bett in seinem Schlafzimmer auf den Fußboden gefallen und hatte sich dabei den Kopf an dem kleinen Nachttischchen gestoßen. Noch benommen versuchte er, sich die Frage nach seiner Identität zu beantworten. Das Ergebnis war denkbar einfach:

Er war unverändert Gerold Adolf Paulsen!

6 Stunden 23 Minuten

Als die Nachricht auf seinem Laptop aufploppte, befand er sich gerade in einem wichtigen Meeting in seiner Firma – Im- und Export von Maschinen und Werkzeugen. „Es ist jetzt 11:37 Uhr, du hast noch exakt 6 Stunden und 23 Minuten Zeit" – der Absender der Nachricht war ihm unbekannt.

Ein schlechter Scherz? Eine Warnung? Eine Drohung? Er war verunsichert. „Herr Drente, sind Sie noch bei uns?"

Thomas schrak hoch: „Entschuldigung, ja, natürlich, entschuldigen Sie bitte, Chef!" stotterte er und sah auf seine edle Breitling, ein Geschenk seiner Frau. Es war jetzt 12:03 Uhr.

Er versuchte, sich wieder auf das Meeting zu konzentrieren, was ihm jedoch nicht gelang.

Was sollte die Nachricht? Ihn ärgern, verwirren, ängstigen?

Das Meeting endete um 13:17 Uhr, wie im Protokoll vermerkt wurde. Noch knapp 5 Stunden, bis … Bis was?

Drente nahm sich für den Rest des Tages frei, fuhr direkt nach Haus zu seiner geliebten Jasmin, erzählte ihr jedoch nichts von der WhatsApp-Nachricht, schützte Unwohlsein vor.

„Kommst du zum Tee? Wir haben auch noch Gebäck von gestern, da waren doch meine Freundinnen hier zu Gast bei mir." Jasmin konnte ihn nicht zum Kommen bewegen. Es war jetzt 15:51 Uhr, noch etwas mehr als 2 Stunden. Drente brach der Schweiß aus, seine Hände begannen zu zittern – er konnte keinen klaren Gedanken mehr fassen. Was würde um 18 Uhr geschehen? Ein Überfall, sollte er sogar ermordet werden? Oder würde man ihn verhaften wegen der Sache mit der Fahrerflucht kürzlich, auch wenn nicht viel passiert war? Oder würde man ihn deshalb erpressen wollen, aber warum um 18 Uhr heute?

Er hatte sich ins Schlafzimmer zurückgezogen, warf sich aufs Bett, wollte niemanden auf der Welt sehen, nicht einmal seine Jasmin, so sehr er sie auch liebte, stand wieder auf. In der Hausbar auf dem Flur stand eine Flasche Aquavit, er goss sich ein Glas ein, trank es in einem Zug leer, sah auf die Uhr. 17:15 Uhr, noch genau 45 Minuten! Zurück im Schlafzimmer sah er sich im Spiegel, ziemlich derangiert – die Haare wirr, rot umränderte Augen, unrasiert, wie ihm schien. Gleichgültig, was passieren wird, ich muss anständig aussehen, sagte er sich und richtete sich wieder her, wartete bewegungslos auf dem kleinen Sessel, der in der Ecke des Raumes stand. Die Zeit schien in Zeitlupengeschwindigkeit zu vergehen, die Uhrenzeiger schienen sich kaum zu bewegen, dennoch: Irgendwann war es 17:55 Uhr.

Drente nahm all seinen Mut zusammen, ging hinunter zu Jasmin ins Wohnzimmer. „Was ist denn nur mit dir los? Hast du meine Nachricht heute Vormittag nicht bekommen, du solltest doch mein Kleid aus der Reinigung abholen – jetzt schaffst du es nicht mehr! Ich hatte vom Handy meiner Freundin geschrieben." Ihr Vorwurf war unüberhörbar, der Stein, der von seiner geängstigten Seele rollte, ebenfalls.

Der schwarze Tod in der Stadt

(Mein Beitrag in einer Anthologie Hrsg. Hanna Seipelt 2024)

An einem heiligen Sonntagmorgen Anfang Juni im Jahre des Herrn 1667 erwachte das noch in Teilen ziemlich mittelalterliche Oldenburg aus seiner stillen Ruhe durch das Läuten der kleinsten Glocke – die einzige aus dem eigentlich so schönen Geläut der Lambertikirche, die noch zum Klingen gebracht wurde. Sie rief vom Turm zum Gottesdienst, aber niemand aus dem Städtchen folgte ihrem Ruf. Der Himmel war an diesem Frühsommertag Wolken verhangen, es schien ein Gewitter aufzuziehen.

Die Stadt war von der Pest heimgesucht worden, und die Bewohner lebten in ständiger Angst und Sorge um ihr Leben. Die kleinen Häuser standen nahe beieinander, die Gassen waren eng und verwinkelt. Ratten huschten selbst am helllichten Tag in Scharen laut quiekend durch die Straßen und Häuser – sie trugen den Tod in jedes Haus.

An den Häusern des Städtchens, dessen Gassen zumeist mit einem groben Steinpflaster befestigt waren, rumpelte wie an jedem Tag in der Morgendämmerung der Pestwagen vorbei, denn das Wegschaffen der in der vorhergehenden Nacht am Schwarzen Tod verstorbenen Menschen duldete auch am Tag des Herrn keinen Aufschub.

Inmitten dieser bedrückenden Atmosphäre lebte in der schmalen Burgstraße der Schuhmacher August vom Berge mit seiner Familie. Das kleine, eng in die Häuserzeile aus ebenso kleinen Fachwerkhäuser gebaute Haus mit Werkstatt, winzigen Zimmern für die Familie und einem kleinen

Garten für Gemüse dahinter hatte das Lachen verloren. Seine Frau, ihre verwitwete Schwester und seine sieben Kinder hatten sein kleines Haus zu einem bisher lebhaften Ort gemacht, an dem es selbst an düsteren Tagen immer wieder einen kleinen Grund zur Freude gab. Doch der allgegenwärtige schwarze Tod hatte bereits drei der Kinder genommen und das fröhliche Miteinander der Familie war einer tiefen Traurigkeit Platz gewichen.

Die kleine Werkstatt mit ihren hölzernen Regalen, einer massiven Arbeitsbank aus gutem Eichenholz, den wohlgeordneten Werkzeugen wurde von August schon seit einer ganzen Weile kaum noch genutzt. Seit Wochen, seit dem Ausbruch der Pest und den rigorosen Pestverordnungen kam kein Kunde mehr, um sich das Schuhwerk ausbessern zu lassen, geschweige denn neues Schuhwerk in Auftrag zu geben. Das Leben in der Stadt war fast erloschen, duckte sich unter der Bedrohung durch die Pest.

Noch gestern hatte August wie stets in den vergangenen Jahren die Tür seiner Werkstatt geöffnet, sich gedankenschwer über die wenige verbliebene Arbeit gebeugt; wann würde er hier den nächsten Kunden treffen? Zu dieser Sorge und eng damit verbunden kam noch der Hunger, der die Menschen krank machte, denn es gab nicht mehr viel zu tun für ehrbare Handwerker, die Kunden fürchteten sich vor jedem Kontakt mit anderen Menschen.

Als er heute Morgen vorsichtig die Haustür öffnete, fand er seine Frau Katharina bewegungslos vor der Schwelle liegen. Sie atmete nicht mehr, sie war tot! Gestern noch hatten sie das karge Abendessen alle gemeinsam eingenommen, und jetzt lag sie einfach da! Anzeichen der Pest waren nicht zu erkennen, damit kannte sich August bereits aus. Den Atem anhaltend beugte er sich über sie, sah der Toten ins Gesicht. Ihre Augen waren, wie auch ihr Mund, weit aufgerissen, das Gesicht schneeweiß. Rote Flecken waren auf den bleichen Wangen zu sehen, Lippen und Zunge, die seitlich aus dem Mundwinkel heraushing, bläulich verfärbt – ein grausiger Anblick.

Verwirrt und keines klaren Gedankens fähig richtete er sich wieder auf, konnte keine Worte finden. Er wollte nach ihrer Schwester rufen, doch die Stimme des Pestrufers und das Rumpeln des Pestkarrens mit den beiden Schwarzen Gesellen ließen ihn erstarren. Die Männer, die für den Abtransport der Pestopfer zuständig waren, kamen in diesem Moment vorbei. Sie bemerkten den vor der Tür liegenden  leblosen Körper, nickten einander zur Verständigung zu und warfen die Frau schwungvoll zu den anderen Leichen auf den Pestkarren.

August stand bewegungslos am Straßenrand, unfähig, den Karren, die Männer aufzuhalten, dann sah er, wie seine Katharina, bisher der Mittelpunkt der Familie, davongefahren wurde. Tausend Fragen stiegen in seinem Kopf auf. Wie konnte es sein, dass sie ohne Anzeichen der Krankheit starb? Was hatte dazu geführt?

Nach einiger Zeit löste sich seine Erstarrung. Er kehrte ins Haus zurück zu Schwägerin und den Kindern. Tränen hatte er nach dem Tode seiner drei Kinder nicht mehr, er war hart geworden – jetzt konnte er nicht einmal mehr beten.

Es war still im Hause vom Berge, das jetzt von Dorothea betreut wurde, nur selten sprach jemand ein Wort. August verbot seinen Kindern, das Haus zu verlassen, befahl den Älteren, sich mit Stöcken zu bewaffnen und jede Ratte, derer sie habhaft werden konnten, den Garaus zu machen. Niemand durfte ein lebendes oder totes Tier berühren – durch die Strafe Gottes, wie manche sagten, sollte in diesem Hause niemand mehr zu Tode kommen.

Alle seine Vorsichtsmaßnahmen halfen nichts: Nur wenige Tage später lagen seine Söhne Bruno und Gerfried mit den gleichen Todeszeichen wie ihre Mutter tot auf ihren Lagern. August brach zusammen, zitterte am ganzen Körper, war unfähig, seine gestorbenen Söhne für den Pestkarren vor die Haustür zu bringen. Dorothea erbarmte sich des Mannes und übernahm diese schwere Arbeit.

„Wenn ich meine Liebsten alle doch nur auf den Gottesacker hätte bringen dürfen!", fuhr es plötzlich aus ihm heraus, „und wenn ich nur wüsste, an welchem Leiden meine liebe Frau und die Jungen gestorben sind …". Er fiel in eine tiefe Nacht, niemand durfte sich ihm nähern.

Es kam der nächste Tag. „August, du wirst sterben, wenn du nicht essen willst." Dorothea zerrte ihn am Arm von seinem Lager fort an den Tisch. „Zwei deiner Kinder und ich sind doch für dich da, bitte, iss und trink! Ich verspreche dir, dass ich mich um alles kümmern werde, besser, als Katharina es je getan hat und dich werde ich dabei nicht vergessen." Sie drängte sich an ihn, nahm ihn tröstend in den Arm.

Odwina, die älteste Tochter, half ihrer Tante bei der Arbeit im Haus und im Garten, aus dem jetzt im Sommer so manche Mahlzeit geerntet werden konnte. Sie hatte einen Kohlrabi geholt, ihn gewaschen und wollte sich jetzt ein Messer holen, um ihn für die Abendmahlzeit vorzubereiten. Als sie einen Topf von der Wand nehmen wollte, fiel dabei ein kleines Glasfläschchen auf den steinernen Boden und zerbrach, ein eigenartiger Geruch füllte danach die Küche.

Dorothea hatte das Klirren gehört und stürmte herein: „Was hast du getan, du dummes Kind? Das ist meine Medizin, die ich jeden Tag nehmen muss, die weise Kräuterfrau hat sie mir zurechtgemacht!" Das Mädchen stotterte etwas wie „Entschuldigung, das wusste ich nicht" und lief heulend hinaus. Ihre Tante versuchte, die Reste der Flüssigkeit mit Sand und einem Tuch zu entfernen. Noch während sie bei dieser Arbeit war, kam die Katze herein und schleckte ein wenig von der Medizin auf; es dauerte nur ganz, ganz kurze Zeit, bis sie ebenso starr wie zuvor die beiden Jungen und deren Mutter auf dem Boden lag und ihr Leben ausgehaucht hatte.

August kam herein, seine Tochter hatte ihm von ihrer Ungeschicklichkeit erzählt. Er sah Dorothea, wie sie versuchte, die Reste der Flüssigkeit zu entfernen. Er sah die tote Katze mit den aufgerissenen Augen und der heraushängenden, blau verfärbten Zunge. Eine kalte Wut ergriff ihn:

„DU hast die Katze umgebracht, DU hast meine Jungen ermordet und auch Katharina! Hier", er umklammerte sie, griff auf den Boden, nahm von dem noch feuchten Sand und stopfte ihn seiner Schwägerin in den Mund, „hier, Teufelsweib, du wirst jetzt genauso sterben wie die anderen. Ich werde dich auf den Karren werfen lassen, du sollst in der Hölle schmoren!"

Zur gewohnten Zeit kam auch an auf diesen schrecklichen Tag folgenden Morgen der Karren auf seinem Weg zum Pestacker jenseits der Stadtgrenze, um dort seiner traurigen Fracht entledigt zu werden.

in ferner zeit ?

in einer nicht mehr fernen zeit
werden die parlamente entmachtet sein

in einer nicht mehr fernen zeit
werden wir weinen um die verlorene freiheit

in einer nicht mehr fernen zeit
werden wir jedes offene wort vermeiden

in einer nicht mehr fernen zeit
werden alle parteien auf einer linie sein

in einer nicht mehr fernen zeit
wird es sterne für minderheiten geben

in einer nicht mehr fernen zeit
werden wir unsere häuser verschliessen

in einer nicht mehr fernen zeit
werden wir nur noch flüstern aus angst

in einer nicht mehr fernen zeit
ist heute das gestern

Im Afghanistankrieg wurden von amerikanischer Seite im Verlaufe des Krieges insgesamt etwa 110.000 Soldatinnen und Soldaten eingesetzt.

Lt. Deutschem Ärzteblatt 2012 litten 6,2 % von ihnen nach Ende des Einsatzes, dass sind 6820 Menschen, unter PTBS (posttraumatischen Belastungsstörungen)

Einsatz

(Kapitel 1 aus dem Buch „Der Soldat Jeremy Martinsen)

Das 4th Infantry Brigade Combat Team der 1st Infantry Division in Sharana ist eine eingeschworene Truppe. Jahrelange Kampferfahrungen, erst im Irak-Krieg gegen die Truppen Saddam Husseins und jetzt hier in Afghanistan gegen die Taliban, haben die Frauen und Männer zu einer Truppe zusammengeschweißt, die vor keiner Herausforderung auf militärischem Gebiet zurückschreckt, und auch die Opfer, die der Krieg von ihnen immer wieder forderte, haben ihren Zusammenhalt nicht zerstören können, im Gegenteil.

Es ist ein Mittwochmorgen im April. Die Wetterprognose prophezeit wieder einmal einen sehr heißen Tag.

Bei der Befehlsausgabe an diesem noch kühlen Morgen bekommen Captain John Bertoli und sein auf Erkundungen spezialisierter Trupp den Einsatzbefehl für eine ganz gewöhnliche Aufklärungsaktion. „Die Hauptstraße entlang in Richtung Orgun, dann auf Höhe von Barmal querab Richtung Bergkette. Schauen Sie nach, ob sich in den letzten Tagen etwas verändert hat - ein Aufklärungsflug mit einem Apache AH64-Hubschrauber wurde in der Region beschossen, allerdings ist kein Schaden entstanden - vielleicht war es ja nur ein durchgeknallter Einzelkämpfer der Taliban. Wenn Sie die Hauptstraße verlassen haben, bleiben Sie ununterbrochen mit dem Headquarter in Verbindung - wenn erforderlich, erhalten Sie sofort Luftunterstützung. Und jetzt viel Glück, kommt gesund wieder, Leute!"

Major Ryan Anderson ist ein Soldat der alten Garde, dem seine Männer und Frauen am Herzen liegen. Schon mehrmals hatte er den Angehörigen von gefallenen Kameradinnen und Kameraden traurige Nachrichten überbringen müssen, was ihn jedes Mal mit einer unbändigen Wut über diesen so unsinnigen und nach seiner Ansicht auch nicht zu gewinnenden Krieg erfüllt - aber diese Meinung ist seine Privatsache. Als Truppenkommandeur ist er stets untadelig.

Die Patrouille startet nach dem Briefing exakt um 07:30 Uhr und fährt mit ihrem Humvee, dem High Mobility Multipurpose Wheeled Vehicle (kurz: HMMWV) zügig die Hauptstraße vom Camp in Richtung Orgun, einem kleinen Dorf im Südwesten. Fünf kampferprobte Männer und eine Soldatin, Private First Class Allison Donagan, bilden die Besatzung des Fahrzeugs.

Es ist sehr wenig Verkehr auf der Strecke, lediglich einige wenige Militärfahrzeuge und hin und wieder ein privater Pkw oder Pickup, zumeist mit landwirtschaftlichen Gütern beladen. Einige wenige ärmliche Dörfer am Straßenrand haben sie bereits passiert, als Captain John Bertoli seinen Leuten über Bordfunk zuruft: „Fällt euch auf, dass wir in den Dörfern nicht einen Menschen gesehen haben? Wo sind die alle? Das gefällt mir nicht, überhaupt nicht!"

„Wahrscheinlich vor den Taliban geflohen", ruft Allison zurück, „vor uns heute Morgen sicher noch nicht!" Alle Insassen des Humvee sind wegen des lauten Motor- und Fahrgeräusches des Fahrzeuges mit Headsets ausgerüstet und so über Bordfunk miteinander verbunden.

Das Fahrzeug, gesteuert von Specialist Oskar van Delden, hat ohne Halt den Punkt erreicht, an dem sie auftragsgemäß die Hauptstraße verlassen sollen. Er verlangsamt die Fahrt, um auf die sogenannte Straße, die zu den Bergen führt, einzubiegen. Es ist eine sehr schmale Schotterpiste mit Gräben links und rechts, in denen zur Regenzeit, wenn es sie denn einmal gibt, wahre Sturzbäche fließen. Die Breite des Weges ist gerade ausreichend für den Humvee, und auf der vor ihnen liegenden Strecke gibt es fast keine Ausweichmöglichkeit: Gut, das ihnen hier heute niemand entgegenkommen kann.

Das Gelände, das weiß Captain Bertoli durch die Luftaufklärung, ist ziemlich unübersichtlich. Er befiehlt deshalb eine Rundumbeobachtung durch alle, besonders natürlich durch Donald Trumpeter jr., der mit dem Oberkörper, nur durch die seitlich angebrachten Stahlbleche, seine schusssichere Weste und den Helm geschützt, oben aus dem Humvee herausragt. Hinter seinem Maschinengewehr hat er damit zum einen den besten Überblick, zum anderen bietet aber auch eine herausragende Zielscheibe für Angreifer.

Als Truppführer nimmt John wie befohlen sofort nach Erreichen der Schotterpiste Kontakt zur Operationszentrale auf, in der heute Vormittag eine liebe Kameradin Dienst tut: Angie Watson, eine hübsche, gut gebaute Blondine aus Pennsylvania, mit der er sich ein wenig angefreundet hat.

„Hi, Angie, wie geht's?"

„John, wo seid ihr?" Angie geht nicht auf seinen lockeren Tonfall ein, „Passt gut auf euch auf, es wurden verstärkt Aktivitäten der Taliban aus dem Abschnitt dort gemeldet!"

„Keine Sorge, Angie, wir sind sehr wachsam, und Donald im Turm ist ein guter Beobachter. Gerade sind wir von der Hauptstraße abgebogen, alles ruhig, fast schon zu ruhig, kein Mensch zu sehen, auch nicht in den Dörfern neben der Hauptstraße."

Donald meldet sich über sein Headset: „Auf zehn Uhr ein nicht identifizierbares Objekt. Oskar, fahr mal etwas weiter ran, aber ganz langsam!"

Specialist Oskar, 22 Jahre jung, frisch verliebt in eine Kameradin aus der Nachbarkompanie in Sharana, legt einen niedrigen Gang ein und schleicht geradezu mit seinem Humvee in Richtung des Objektes. Im rechten Augenwinkel sieht er eine schwarz gekleidete Gestalt, das Gewehr im Anschlag.

„Donald, 1 Uhr, Deckung!", schreit er in sein Mikro. Donald versucht blitzartig, abzutauchen, sich ins Fahrzeug zurückzuziehen, als mehrere Gewehrsalven den Humvee treffen – er schafft es nicht mehr, sich in Sicherheit zu bringen. Ein Geschoss trifft ihn schräg von vorn am Hals, die Schutzbleche haben es nicht verhindern können. Rund um das Fahrzeug tauchen plötzlich weitere Gegner auf, die aus allen Gewehrläufen feuern. Die Geschosse prallen von der Panzerung und auch von den Frontscheiben ab.

„Oskar, Vollgas über die freie Fläche da vorn!", geht das Kommando von John Bertoli an den Fahrer, der sofort reagiert und das Fahrzeug beschleunigt - die Kameraden im Innern werden durcheinandergeschüttelt.

„Achtung, festhalten!", schreit Oskar. Er hat noch nicht zu Ende gerufen, als eine fürchterliche Explosion den Humvee erschüttert, er wird geradezu in die Luft gerissen, schlägt wieder auf. John im Fahrerhaus setzt sofort einen Notruf ab - sie sind in eine Sprengfalle geraten, die der Feind auf dem kleinen Plateau, über das sie fahren wollten, installiert hatte. Das Geräusch von kreischendem, berstendem Metall erfüllt das Innere des gepanzerten Fahrzeugs, danach eine totale Stille. Der Beschuss vorhin sollte sie genau zu der Aktion „Fahren über das kleine Plateau" verleiten, was ihrem Feind ja auch gelungen ist.

„Verlasst nicht das Fahrzeug!", schreit John in sein Mikro, das glücklicherweise noch funktioniert. „Was ist mit euch passiert, Leute, sagt es mir".

„Donald hat es erwischt, er blutet extrem aus der Halsschlagader, ich kann nichts machen, er hängt halb im Ausstieg", meldet Allison, „Jerry rührt sich nicht, und Pietro Martinez hat von einem Metallteil eine Wunde am Bein, ich werde versuchen, sie zu verbinden".

„Hi, Captain, alles gut!", ruft Pietro in sein Mikro, „Allison macht das schon".

„Und wie geht es dir, Allison?"

„Ich bin soweit o. k., aber Jerry rührt sich noch immer nicht - hoffentlich ist er nur bewusstlos". Die Antwort kommt ganz leise von Allison.

Über Funk meldet sich Angie:

„Zwei AH-64-Apache-Kampfhubschrauber sind gerade zu euch gestartet, dazu ein Chinook, haltet durch. Und verlasst nicht euren Humvee, die Burschen haben bestimmt überall ihre Heckenschützen versteckt!"

Oskar auf dem Fahrersitz, noch benommen vom Schock durch die Explosion der Sprengfalle, die die Taliban installiert hatten, greift seine Assault Rifle, sein Sturmgewehr, reißt die Fahrertür auf, springt aus dem Wagen: „Ihr Schweine!", feuert ein ganzes Magazin in Richtung der Gegner.

„Du Idiot, bleib hier", will John ihm noch zurufen – zu spät! Oskar schreit laut auf vor Schmerzen, dann bricht er neben dem Fahrzeug zusammen – ein Geschoss hat sein Bein zerfetzt, das Blut aus einer Arterie färbt mit wahnsinniger Geschwindigkeit seine Uniformhose.

John kann gerade noch die Fahrertür schließen, bevor erneut ein Kugelhagel den Humvee trifft.

„Was ist mit Oskar?", schreit Allison in ihr Mikro.

„Es hat ihn erwischt, er liegt neben dem linken Vorderrad, wir kommen da nicht ran, um ihn zu bergen!"

„John, gib mir Feuerschutz, ich hole ihn rein!"

„Du bleibst im Wagen, ich will dich nicht auch noch verlieren! Das ist ein Befehl!"

Allison gehorcht zähneknirschend, versucht, Jerry aus seine Schocklethargie zu wecken, ohne Erfolg. Der Mann ist zurzeit nicht ansprechbar, aber immerhin - er lebt.

Die Apaches benötigen nur etwa zwanzig Minuten, um ihr Ziel zu erreichen. Massive Feuerstöße aus den Bordkanonen vertreiben oder töten die Angreifer in kürzester Zeit, sodass der fast gleichzeitig eintreffende Chinook die Besatzung des Humvee an Bord nehmen und seine Sanitäter eine medizinische Erstversorgung vornehmen können.

Oskar und Donald jr. sind tot, Jerry hat einen massiven Schock, Pietro ist verwundet, er wird niemals wieder als „Der Gambler" seine Kameradinnen und Kameraden mit seinen artistischen Kunststückchen erfreuen können. Lediglich Allison und John sind völlig unverletzt geblieben.

Die Rettungsaktion durch die Hubschrauber verläuft zügig, die Toten und Verletzten werden nach Sharana in das dortige Militärhospital gebracht, Allison und John auf dem Stützpunkt von Kameraden in Empfang genommen und sofort zu ihrem Kompaniechef weitergeleitet.

Für ihr vorbildliches Verhalten wird Private First Class Allison Donagan später mit der Humanitarian Service Medal ausgezeichnet und zur Sergeantin befördert.

Eine Überprüfung des Vorfalls unter Leitung von Major Anderson ergibt, dass Captain John Bertoli kein schuldhaftes Versagen an dem Desaster trifft. Da er in Kürze wegen Ende seiner Dienstzeit ohnehin die Army verlassen wird, erfolgt auch kein weitergehendes formelles Untersuchungsverfahren – zuvor wird aus dem Captain allerdings noch ein Major.

Die Verwundeten werden im Hospital wieder zusammengeflickt und trotz des Ereignisses wieder ihren Dienst in der Army fortsetzen, Allison, wie gesagt, sogar befördert wegen ihres umsichtigen Handels an Bord des Humvee nach dem Crash.

Von den Überlebenden des Überfalls leidet allerdings Jerry Martinsen am meisten. Äußerlich unversehrt geblieben hat er dennoch ein Trauma erlitten, das ihn kriegsuntauglich macht – er wird in die Heimat zurückbeordert und einer Einheit in Minnesota zugewiesen, die voraussichtlich nicht in Afghanistan zum Einsatz kommen wird.

zeichen

zeitzeichen
wegzeichen
verkehrszeichen
handzeichen

wie, um des himmels willen
soll ich mir das alles merken

symbole, die etwas sagen wollen
wegweiser nach irgendwo

alle wollen über mich
bestimmen, mir sagen
was ich tun oder lassen soll

ich will mich nicht
von all diesen zeichen
in meinem handeln
bestimmen lassen

ich will rücksichtsvoll sein
nachsichtig
vorsichtig
weitsichtig

aber mich nicht durch zeichen
kommandieren lassen

Der Nach-Denker

Jörn hatte den Kopf in beide Hände gestützt, die Augen geschlossen. Nein, es tat ihm nicht leid, auf keinen Fall, er hatte die Sache so erledigt, wie es getan werden musste. Jetzt stand er vor der für ihn existenziellen Frage, ob und wenn ja wann er die Behörden einschalten sollte. Er trank noch einen Schluck aus seinem Glas, das noch fast zu Hälfte mit einem guten Wodka gefüllt war, das Glas am Platz gegenüber war bereits leer, Nachbar Daniel hatte es vor seinem Abgang noch vollständig geleert. Er hatte sich entschieden.

Der Nachmittag hatte so harmonisch begonnen! Daniel hatte angerufen und gefragt, ob er auf ein Stündchen vorbeikommen dürfe, er wolle ihm etwas zeigen. Jörn hatte sich sehr gefreut – langweilige, einsame Nachmittage hatte er zur Genüge gehabt, Daniels Gesellschaft war ihm durchaus willkommen. Seit nun fast zehn Jahren kannten sich die beiden Männer, Daniel besaß einen gut florierenden Betrieb, in dem er ausgezeichnete Möbel für Haus und Garten produzierte, etwa einhundert Mitarbeiterinnen und Mitarbeiter waren dort in der Produktion beschäftigt. Mit seiner Familie, die aus seiner hübschen Ehefrau Dalia und der jetzt etwa zwölfjährigen Tochter Martina und ihm bestand, bewohnten sie das wirklich sehr schöne große Haus in dem unmittelbar an sein Grundstück grenzenden Garten. Es war über die langen Jahre stets ein sehr freundschaftliches Verhältnis gewesen.

In den letzten Jahren war Jörn immer wieder beruflich für jeweils längere Zeit im Ausland gewesen, ihre gute

Nachbarschaft hatte nicht darunter gelitten. Vor etwas mehr als vier Wochen war er von seiner vorerst letzten Reise zurückgekehrt und war schon gleich danach von Dalia und Jörn zum Tee eingeladen worden. Tochter Martina, so war es ihm aufgefallen, erschien ihm an diesem Nachmittag sehr blass und verschüchtert – dieser Eindruck verstärkte sich in den folgenden Tagen, aber ansonsten war mit seinen vertrauten Nachbarn alles wie immer …

Heute nun kam Daniel am späten Nachmittag zu ihm ‚auf ein Glas‘. Nach dem üblichen freundschaftlichen Geplauder griff der Gast in sein Jackett und nahm aus der Innentasche einen Briefumschlag: „Hier, schau sie dir genau an, es sind die Fotos aus unserem letzten Urlaub, ich muss sie einfach mal jemandem zeigen, dem ich vertraue!"

Jörn öffnete das Kuvert, entnahm die Bilder. Sein Blick wechselte von den Fotos zu Daniel und zurück.

Sein Nachbar sah ihn mit glänzenden Augen an, nahm einen großen Schluck aus seinem Glas. „Sind die Mädels nicht süß? Ich könnte dir da auch was vermitteln!"

Jörn nahm eines der Fotos noch einmal zur Hand: „Sag, Daniel, könnte das eure Martina sein?" In ihm stieg eine unbändige Wut auf: „Du schläfst mit Kindern, du Schwein? Verführst sogar deine eigene Tochter? Ist sie deshalb so verändert, ganz anders, als ich sie kenne? Ich fasse es nicht! Daniel, geh, bevor ich ausraste!"

Daniel trank in einem Zug sein Glas aus: „Dann eben nicht … Ich habe gedacht, dass du auch das Schöne und Süße liebst! Gib die Bilder her, Jörn!" Beide sprangen auf, Daniel sah nicht die tödliche Wut in Jörgs Augen, während der die Fotos zerfetzte. Er wollte sich einfach zum Gehen wenden, aber Jörn konnte, wollte sich nicht beherrschen, schlug mit aller Kraft, die er hatte, in Daniels Gesicht. Mit einem dumpfen Röcheln ging der zu Boden, rührte sich nicht mehr, anscheinend hatte der Schlag eine Stelle am Kopf getroffen, die tödlich war.

Jörn ging ruhig zurück an seinen Platz, trank einen Schluck, betrachtete den anscheinend toten Mann: „Solche Schweine braucht die Welt nicht, es geschieht dir recht!"

Jetzt galt es, eine Entscheidung zu treffen, wie immer im Leben mehrere Möglichkeiten gegeneinander abzuwägen. Er könnte Daniel beseitigen mit der Konsequenz, dass man den Toten irgendwann finden und den Weg zu ihm zurückverfolgen würde. Zweiter Weg aus der Situation war, das Haus zu verlassen und wieder einmal eine lange Reise anzutreten – diese Idee verwarf er sofort, sie schien ihm zu aufwendig. Oder er könnte die Polizei verständigen, dass er Daniel erschlagen hätte mit der Folge der sofortigen Festnahme und Inhaftierung.

Sicherheitshalber überprüfte er beim Toten Atmung und Puls, schließlich sollte es keinen Fehlalarm geben; zu seiner Befriedigung stellte er fest, dass das Leben tatsächlich aus dem Mann, der einmal zu seinen Freunden zählte, gewichen war. Er ließ, immer wieder einen kleinen Schluck von dem Wodka trinkend, die sehr ähnlichen Situationen in seiner Vergangenheit Revue passieren, sah vor seinem geistigen Auge den erhängten Zuhälter in San Francisco, der seine Mitarbeiterin qualvoll drangsaliert hatte. Er sah auch die erdrosselte Frau, die ihre drei kleinen Kinder im Wald hatte verhungern lassen, und er sah auch den von ihm erwürgten dicken alten Mann, der es mit kleinen Jungen getrieben hatte.

Nein, keine dieser Gerechtigkeitstaten bereute er: Es war Abschaum der Menschheit, den er beseitigt hatte, Lebewesen, Menschen mochte er sie nicht nennen, deren Tod in seinen Augen nur zu gerecht war.

Jetzt aber fasste er einen Entschluss, griff zum Telefon – es war genug, er hatte seine Pflicht, wie er es sah, erfüllt: „Bitte kommen Sie, ich habe einen Mann getötet!"

Nachtwache- eine Erinnerung

das lagerfeuer
heruntergebrannt
nur noch ein wenig glut
in der asche
die freunde in ihren decken
sie schlafen tief und fest

nachtwache am feuer
allein, aber nicht einsam

kein schöner land in dieser zeit ...
warum nur fällt mir dieses alte lied ein

friedlich und ruhig liegt das lager da
rundzelte, acht an der zahl,
im kreis angeordnet
eine kleine burg

rascheln im unterholz
der ruf eines vogels im geäst
in der ferne das gemurmel des baches

... als hier das uns're weit und breit

Franz Müntefering (ehem.Politiker), 84 Jahre alt:

Nimm das Leben wie es ist —

und verändere es dann

In dieser Nacht

Heute jährte sich der Heilige Abend zum fünften Mal seit jenem schrecklichen Jahr, in dem er Bernadette, seine geliebte Frau, hatte zu Grabe tragen müssen. Er würde ihn wieder allein verbringen müssen, allein in dem für ihn viel zu großen Haus.

In den ersten Tagen nach dem schrecklichsten Ereignis in seinem Leben überwogen Aktivismus, und Hektik – was musste nicht alles erledigt, organisiert, neu geordnet werden, da blieb für ihn keine Zeit für Tränen. Die gemeinsamen Kinder waren beruflich und privat sehr eingespannt, verabschiedeten sich schon am Tag nach der Beisetzung. Dietmar nahm den Flieger nach Australien, wo er mit seiner kleinen Familie wohnte, und Britta hatte mit Mann und zwei Kindern in der Wesermarsch ein neues Zuhause gefunden, wurde dort voll in Anspruch genommen. „Papa", so war der fast unisono von beiden zu hörende Satz beim Abschied, „Papa, du kommst doch allein zurecht? Wenn es irgendwelche Probleme gibt, sag uns einfach Bescheid, du weißt ja, dass wir immer für dich da sind!" Sprachen es und ließen ihn in seinem Haus mit der Werkstatt zurück. An diesem Tag fiel er in eine tiefe Traurigkeit, deren Überwindung mehrere Monate erforderte.

Die vergangenen Jahre seit Bernadettes Tod waren einsam für ihn, Sommer und Winter gingen ins Land. Dietmar rief ihn aus der Ferne alle zwei, drei Monate einmal an, Tochter Britta war immer so beschäftigt, ihr Job als Verkäuferin in einem Textilgeschäft und die beiden Kinder nahmen sie sehr in Anspruch – schließlich wollte auch der Schwiegersohn etwas von seiner Frau haben.

Bernd Wegner hatte schon seit Jahren keinen Gottesdienst in seiner Kirchengemeinde besucht, nicht in den letzten Jahren und während der Krankheit seiner Frau auch nicht – ihr Leiden ließ ihm, wie er meinte, keine Zeit dazu. Heute aber hatte er sich vorgenommen, auf 18 Uhr in die Christvesper zu gehen, vielleicht traf er ja auf einige alte Bekannte oder ehemalige Freunde, Freunde, die er durch sein ,Abkapseln vom Leben' verprellt hatte. Ob man sich noch an ihn erinnerte, den starken, aufrechten, ehrlichen Handwerksmeister, einst Mitglied im Presbyterium seiner Kirchengemeinde? Oder würde man ihn ignorieren? Egal, er wollte heute dorthin gehen, zog seinen guten Anzug an, band sich den Wollschal um, den ihm Bernadette einmal geschenkt hatte, hüllte sich in den warmen wollenen Wintermantel, der vielleicht ganz leicht nach Mottenschutz riechen mochte.

Dieser 24. Dezember war eigentlich so wie stets in den letzten Jahren, am Vormittag herrschte noch Hektik in den Straßen, am Nachmittag kehrte dann Stille ein. Nein, etwas war anders: Es hatte zu schneien begonnen. Schon seit den frühen Morgenstunden fiel Flocke um Flocke, der kräftige Nordost trieb sie vor sich her, manchmal waren es ganze Kaskaden, die an manchen Hausecken zu richtigen Schneedünen zusammengetragen wurde. Die Dämmerung war an diesem Heiligen Abend wegen der starken Bewölkung besonders früh, sodass die Menschen unter dem Licht der milchig leuchtenden Straßenlaternen zum ersten Gottesdienst dieses Tages durch den hohen Schnee zur Kirche stapfen mussten.

Es war jetzt halb sechs, Zeit, sich auf den Weg zur Christvesper zu machen. Er ging die zwölf Stufen im Haus hinunter, denn er verbrachte seine Tage überwiegend in seiner Werkstatt in der ersten Etage, auch wenn keine Kunden mehr zu ihm kamen, öffnete die Haustür. Der eisige Wind trieb ihm die Flocken ins Gesicht und in den Hausflur, schnell schloss er die Tür hinter sich und machte sich auf den Weg in Richtung Kirche.

Sein Weg führte aus der kleinen Straße direkt zum Marktplatz, auf dessen gegenüberliegender Seite die Kirche bereits mit ihrem wunderbaren volltönenden Geläut die Menschen zum Gottesdienst rief. Der Schneefall und der Wind schienen sich noch weiter verstärkt zu haben, es war mühsam, seinen Weg zu gehen, wohin auch immer man wollte.

Den Mantelkragen hochgeschlagen, den Schal eng um den Hals gelegt und die Wollmütze in die Stirn gezogen stapfte er langsam durch den hohen Schnee, der sich inzwischen angesammelt hatte, als sein Blick vom Weg abgelenkt wurde.

Sie saß einfach da, unbeweglich, auf der überwiegend vom Schnee bedeckten Bank am Markt. Gegen den Wind und den Schnee versuchte sie, sich mit einer fadenscheinigen Wolldecke zu schützen, die sicher genau wie die junge Frau selbst auch schon einmal bessere Zeiten gesehen hatte. Neben ihr auf der Bank lag eine Art Paket, anscheinend mit ihren Habseligkeiten. Auf ihrem Schoß war eine weiteres Bündel zu sehen, in eine verschossene blaue Decke eingeschlagen, in dem sich etwas zu bewegen schien – sollte die Frau dort ihren Hund untergebracht haben? Man weiß ja aus Erfahrung, dass Obdachlose gern einen Hund besitzen, denn um eine Frau ohne festen Wohnsitz schien es sich hier zu handeln.

Der Wind blies den zur Kirche hastenden Menschen direkt ins Gesicht, trieb die Schneeflocken vor sich her, sodass sie es mit Schal oder Händen zu schützen versuchten, niemand nahm von der Frau und ihren wenigen Sachen Notiz – schließlich rief die Glocke zur Christvesper, da galt es, pünktlich zu sein!

Bernd, der sich wie die anderen Kirchgänger durch den starken Schneefall kämpfte, stutzte, als er die Frau dort auf der Bank sah: „Kann ich Ihnen helfen?" Sie hob kaum die Augen, schüttelte mit einem sehr, sehr traurigen Gesichtsausdruck den Kopf.

„Nein, nein, gehen Sie weiter!"

„Aber Sie können hier nicht die Nacht verbringen, Sie werden sich den Tod holen! Haben Sie keinen besseren Platz, zu dem Sie gehen können? Irgendwo, wo es wärmer und windgeschützt ist?"

Wieder ein trauriges Kopfschütteln. In diesem Augenblick begann das kleine Bündel auf ihrem Schoß zu weinen.

„Sie haben ein Baby?" Bernd Wegner stutze, überlegte wenige Sekunden, nicht länger. „Kommen Sie, so geht das nicht! Ich nehme Sie jetzt mit zu mir in mein Haus, hier werden Sie sterben! Auch das Kind, es wird diese Nacht nicht überleben, wenn Sie hierbleiben!"

„Nein, machen Sie sich keine Umstände, ich schaffe das schon irgendwie!" „Nein, Sie werden es nicht schaffen, auch nicht irgendwie! Hier werden Sie sterben, erfrieren und ihr Baby mit Ihnen! Sie kommen jetzt mit zu mir in mein Haus, da ist es warm und Sie können wieder etwas Kraft schöpfen." Er nahm energisch das Bündel, das neben der Frau auf der Bank lag, mit der anderen Hand ergriff er ihren Arm: „Kommen Sie, wir gehen jetzt!"

Die junge Frau zögerte noch etwas, sträubte sich: „Warum tun Sie das? Was versprechen Sie sich davon? Nein, ich möchte nicht mit Ihnen gehen!" „Junge Frau", Bernd wurde jetzt sehr energisch, „Sie haben von mir nichts zu befürchten, falls das Ihre Angst ist, schauen Sie mich alten Mann doch an! Ich möchte nur, dass Sie und das Baby diese Nacht gut überstehen – hier an diesem Ort haben Sie dafür keine Chance, Sie sind doch schon jetzt völlig durchgefroren!"

Immerhin, seine Worte zeigten Wirkung, Schneefall und Wind, der sich fast schon zu einem Sturm entwickelt hatte, taten ein Übriges. Inzwischen schwiegen die Glocken, Stille senkte sich wieder über die Stadt und aus der Kirche schallte der Gesang der Festgemeinde herüber.

Endlich machten er und die junge Frau sich auf den Weg zu seinem Haus, das sie schon nach nur etwa zehn Gehminuten erreichten. Er schloss die Haustür auf, wieder jagte eine ganze Horde Schneeflocken in den Flur. „Kommen Sie, kommen Sie schnell!"

Sie reagierte sofort und stand mit dem Kind auf dem Arm jetzt im Hausflur, immer noch verunsichert: „Ich weiß gar nicht, was ich sagen soll, es ist so schön warm hier. Wie heißen Sie eigentlich? Ich bin Marianne, das Baby heißt Jakob und Sie?"

„Ich bin Bernd, aber jetzt geben Sie mir das Kind, den kleinen Jakob. Sie sollten Ihre nassen Sachen ablegen, Sie sind ja völlig durchgeweicht." Er machte eine kleine Nachdenkpause. „Ich mache Ihnen einen Vorschlag, Marianne: Sie gehen jetzt die Treppe hinauf, linker Hand ist das Schlafzimmer meiner verstorbenen Frau. Im Kleiderschrank finden Sie sicher alles, was Sie brauchen, um sich komplett umzuziehen, damit die Kälte aus dem Körper weichen kann. Sie dürfen aber auch im Bad direkt nebenan duschen, wenn Sie möchten. Ich passe derweil auf Jakob auf. Oben können Sie die nassen Sachen gern auf den Heizkörpern trocknen."

Zögernd kam von Marianne: „Wirklich? Und ich darf duschen? Das habe ich schon so lange nicht mehr getan, danke, danke, danke! Auch Sachen zum Anziehen für mich, von Ihrer Frau? Ich darf mir etwas Warmes heraussuchen? Auch Wäsche?" Sie konnte ihr Glück kaum fassen, gab ihm den kleinen Jungen und ging vorsichtig die Treppe hinauf, bald hörte Bernd das Rauschen des Wassers, Marianne schien, was nur zu verständlich war, das Duschen sehr zu genießen. Bernd hatte das Baby auf dem

Arm, setzte sich im Wohnzimmer in seinen Lieblingssessel. Jakob begann leise zu weinen, ob er spürte, dass seine Mama nicht bei ihm war? Niemand konnte diese Frage beantworten.

Marianne kam nach etwas mehr als einer halben Stunde glücklich die Treppe herunter, sie hatte im Schrank von Bernds verstorbener Frau ein paar passende Kleidungsstücke gefunden, Jeans und einen warmen Pulli. Jakob hatte inzwischen begonnen, die Fähigkeiten seiner Lunge auszutesten: „Hunger!" war das eindeutige Signal. Sie nahm sofort ihr Kind aus Bernds Armen, der darüber mehr als glücklich war.

Aus ihren Sachen, die noch im Hausflur lagen, hatte sie schon vor dem Betreten des Wohnzimmers eine neue Windel mitgebracht: „Ja, mein Kleiner, jetzt wirst du erst einmal gewickelt und dann bekommst du etwas zu trinken!", sie kümmerte sich liebevoll um ihr Kind, „wo kann ich die schmutzige Windel lassen, Bernd?"

„Gib her, nehme ich dir ab, kümmere du dich um Jakob." Bernd nahm die Windel mit spitzen Fingern in Empfang und entsorgte sie. „Wo hast du denn das Fläschchen, Marianne, auch in deinem Bündel auf dem Flur?" Wie selbstverständlich waren die beiden zum freundschaftlichen ‚Du' übergegangen.

„Hör mal, sowas brauchen wir nicht, ist alles total Bio und von mir!" Marianne lachte laut heraus. „Hast du schon mal was vom Stillen gehört? Wenn es dich geniert, solltest du vielleicht in die Küche gehen, jetzt bekommt Jakob jedenfalls die Brust!"

„Hm, äh, ich weiß nicht, macht es dir viel aus, wenn ich hier im Wohnzimmer bleibe? Ich sehe auch nicht hin." „Ach, Bernd, damit habe ich kein Problem. Du hast sicher deine Frau früher auch nackt gesehen." „Ja, natürlich, aber du könntest fast meine Enkelin sein!" „Na und?" Sie schob den Pulli hoch und legte das Kind an, das sofort begann, kräftig zu saugen – Bernd wandte sich dezent ab: „Soll ich uns etwas zum Essen vorbereiten?" „Ja, sehr gern, ich habe auch einen Bärenhunger wie mein Jakob!"

Vom Kirchturm her hörte man das Geläut der Glocken – c, d, e, g und as klangen mächtig über die Stadt – das große Festtagsgeläut zu Ehren der Geburt Jesu, wie fromme Christen es empfanden. „Bist du eigentlich fromm?", rief Bernd aus der Küche, wo er ein kleines Abendessen zubereitete, ins Wohnzimmer und ohne eine Antwort abzuwarten, „ich war es mal, aber seit dem Tod meiner Frau war ich nicht in der Kirche, ich kann es einfach nicht!"

„Ich war noch nie dort, kann mit Kirche und Glaube und so nichts anfangen. Wer wie ich auf der Straße lebt, hat nur selten einen Draht nach oben!"

„Auch nicht zu Weihnachten, wenn Jesu Geburt gefeiert wird?"

„Nein, nie, obwohl ich die Geschichte gut nachempfinden kann. Die Maria damals war ja auch bettelarm, aber sie hatte wenigstens einen Vater für ihr Kind, ich nicht!" Die letzten Worte kamen sehr traurig aus ihrem Mund. Sie legte Jakob, der jetzt satt und zufrieden war, auf den Sessel, sicherte ihn durch ein Kissen vor dem Herunterpurzeln und kam in die Küche.

„Hm, hier riecht es aber gut!" „Noch drei Minuten, dann können wir essen. Magst du auch ein Glas Rotwein?" „Lieber nicht, das bekommt dem Jakob sicher nicht gut. Gib mir lieber einen Saft, falls du hast, oder auch nur ein Glas Wasser, daran bin ich sowieso gewöhnt!"

Bernd hatte den Tisch in der Küche, die zugleich als Esszimmer diente, in der kurzen Zeit festlich gedeckt, selbst Kerzen fehlten nicht. Er servierte ganz einfach Kartoffelsalat aus dem Supermarkt und lange wohlschmeckende Bockwürste aus dem Glas – die Zeit, ein besonders frugales Menü zuzubereiten, hat er ja nicht gehabt. „Guten Appetit, Marianne!" „Guten Appetit, Bernd, und noch mal tausend Dank, du bist so lieb zu mir, ich könnte deshalb fast weinen!"

Aus dem Radio kam eine festliche weihnachtliche Musik, die Kerzen auf dem Tisch leuchteten. Der alte Mann und die junge Frau unterhielten sich über Gott und die Welt, über das Leben und über den Tod, über die Einsamkeit, die beide nur zu gut kannten. Sie sprachen über fast alles, was sie bewegte, nur nicht über Jakobs Vater ... Irgendwann schallte erneut das Geläut der Kirchenglocken zu ihnen herüber, rief zur Feier der Christnacht und noch immer waren die Gespräche der beiden so unterschiedlichen Menschen am Tisch nicht zu Ende.

Dem kleinen Jakob, ganze acht Wochen alt, wie Marianne sagte, waren die besinnliche Stimmung und die guten, tiefgehenden Gespräche völlig gleichgültig, gegen Mitternacht forderte sein Körper das Recht auf Nahrung von seiner Mami ein – ein stiller, schöner Abend wurde von ihm profan beendet.

„Marianne, wenn ihr müde seid – das Schlafzimmer ist ganz für euch da, ich schlafe ohnehin nur noch in unserem Gästezimmer." „Danke, Bernd, für den wunderbaren Abend und ja, ich bin hundemüde. Jetzt bekommt Jakob oben noch etwas zu trinken, dann kann ich mich sofort anschließend hinlegen. Gute Nacht!" Sie nahm das Kind aus dem Sessel und ging nach oben, rief noch einmal „Gute Nacht" zu Bernd herunter, der sich noch mit einem Glas Roten in seinen Sessel setzte. „Welch ein Abend!", ging ihm durch den Sinn und „Wie geht es jetzt weiter mit den beiden?" Irgendwann übermannte auch ihn die Müdigkeit und er legte sich glücklich, weil er der Marianne und dem Kind helfen konnte, in seinem Gästezimmer zu Bett.

Der erste Feiertag kam und Bernd wollte seine Gäste zum Frühstück wecken. Als er zum Schlafzimmer ging, fand er die Tür offenstehen, niemand war dort: Marianne und Jakob hatten kurz zuvor das Haus ganz leise verlassen, als wären sie nie dort gewesen. Bernd rannte die Treppe hinunter, um nach ihnen Ausschau zu halten, aber er fand nur ihre noch ganz frischen Spuren im Schnee – die Einsamkeit im Haus kehrte zurück, dennoch hatte sich etwas verändert. Er konnte es nicht genau beschreiben, aber von der Dankbarkeit, die er erfahren hatte, zehrte er noch sehr lange Zeit.

nachtgedanken

wenn ich nachts erwache
kommen sie
die nachtgedanken

manchmal ist es freude
über das, was am tag war

manchmal ist traurigkeit
über das, was am tag war

manchmal ist angst
vor dem was kommen mag

manchmal ist Einsamkeit
oder sehnsucht

manchmal ist es dankbarkeit
für das, was war

meine gedanken in der nacht
meine nachtgedanken

Werkstattmord

Sven Pommer war ein talentierter junger Schuhmacher-lehrling, der in der Werkstatt von Manfred Dremler arbei-tete. Inzwischen waren die letzten Wochen seines Lehr-lingsdaseins angebrochen, aber der Meister und er hatten noch immer ständig Probleme miteinander.

Fleißig und geschickt hatte er schon vom Beginn seiner Lehrzeit an alle erforderlichen Fertigkeiten seines Hand-werkes erlernt. Obwohl er hart arbeitete und sein Bestes gab, um die Erwartungen seines Ausbilders zu erfüllen, hatte er immer das Gefühl, von Manfred gemobbt zu wer-den. Manfred nahm sich jede Gelegenheit, um Sven her-abzusetzen und ihn vor den anderen Lehrlingen bloßzu-stellen. So sehr er sich auch bemühte – seinem Ausbilder war nichts gut genug. Manchmal verlangte Dremler sogar noch von ihm, nach Feierabend in der Werkstatt und sogar in seinen Privaträumen irgendwelche nicht zur Ausbildung gehörenden Arbeiten auszuführen. „Sven, mach dies, Sven, mach jenes, Sven, was ist das hier für ein Mist", so war oftmals Dremlers dröhnende Stimme in der Werkstatt zu hören.

Eines Freitagabends, nach einem besonders harten Tag voller Demütigungen, konnte Sven seinen Schmerz und die Wut nicht mehr ertragen. Als alle anderen die Werkstatt verlassen hatten und sein Boss ihn noch immer schika-nierte, stieg in ihm ein ungeheurer, nicht zur bändigender Zorn auf. In einer Wut, die er zuvor noch nie empfunden hatte, griff er nach einer Ahle – einem spitz zulaufenden Werkzeug – das auf der Werkbank lag.

Blind vor Wut stach er Manfred mit der Ahle mehrfach in die Brust: „Du wirst mich nie wieder niedermachen, du Sklaventreiber!".

Dremler stieß einen Schrei aus, den man der eigentlich bis auf die an der Werkstatt vorführende Straße hätte hören müssen, bevor er röchelnd zu Boden sank. Sven war geschockt von dem, was er getan hatte, stand zunächst wie zur Salzsäule erstarrt. Dann aber er spürte eine seltsame Erleichterung – niemand hatte den Schrei gehört. Er griff nach seiner Tasche und floh wie ein Verfolgter aus der Werkstatt, schwang sich auf sein Mountainbike und raste nach Haus.

Die Nacht nach der schrecklichen Tat war für Sven fürchterlich. Immer wieder hörte er Dremlers Schrei, spürte die Ahle in seiner Hand, fühlte, wie das Werkzeug zwischen den Rippen hindurch in den Körper eindrang, sah das Blut herausspritzen. Nach wenigen Stunden mit sehr unruhigem Schlaf beschloss er, am nächsten Tag zur Werkstatt zu fahren und seine Spuren des Verbrechens zu beseitigen. Als er jedoch die Werkstatt betrat, fand er keinen Toten – Dremler war verschwunden! Verwirrt und voller Panik sah Sven nur noch die Blutspuren auf dem zerfurchten hölzernen Boden, die stumm von seiner Tat zeugten.

In einem Anfall von Panik und Angst begann er, den Raum zu verwüsten. Er trat Werkzeuge und Tische um, warf Schuhe umher und zerstörte alles, was sein Blickfeld einfing. Dann verließ er das Haus mit rasendem Herzen und zusammengebissenen Zähnen.

Die folgenden Wochen waren bei Sven geprägt von ständiger Angst. Zwar vermittelte ihm die Schuhmacher-Innung schnell einen neuen Ausbildungsplatz, auf dem er schon nach kurzer Zeit seine Gesellenprüfung ablegen konnte, aber der tote Meister Dremler beherrschte ständig seine Gedanken. Die Polizei ermittelte intensiv, befragte Mitarbeiter einschließlich Sven, selbst die Ehefrau und führte eine umfassende Suche nach der Leiche und dem Täter durch. Aber ihre Bemühungen waren vergeblich. Weder die Leiche noch irgendwelche Hinweise wurden gefunden. Der Fall wurde schließlich als Mord ohne Leiche und ohne Täter zu den Akten gelegt.

Zwei Jahre später fand sich Sven in einem Kaufhaus in Bremen wieder. Er hatte gerade eine Anstellung als Schuhverkäufer erhalten und fühlte eine leichte Hoffnung auf einen Neuanfang, als er bei seinem Weg durch die Gänge des Kaufhauses plötzlich erstarrte: Vor ihm stand Manfred Dremler, unverändert und genauso verbissen aussehend wie immer. Er schien jedoch keinerlei Erinnerungen an den Vorfall in der Werkstatt zu haben, grüßte freundlich seinen jungen Kollegen und ging weiter, als wäre nichts geschehen.

Sven konnte nicht glauben, was er gesehen hatte. Hatte er sich alles eingebildet? Hatte er wirklich Manfred getötet und anschließend die Werkstatt verwüstet? Fragen wirbelten in seinem Kopf herum, doch er wagte es nicht, Antworten zu suchen. Wieso war Manfred hier unter einem anderen Namen, wieso war er nicht an den Stichverletzungen gestorben und lebte? Fragen über Fragen schossen durch Svens Kopf – unbeantwortbar.

Die Begegnung belastete Sven in den kommenden Tagen und Wochen, Zweifel zerfraßen seinen Geist und ließen ihn schlaflos. Aber er wusste, dass er das schreckliche Geheimnis in seinem Inneren begraben musste.

Das Schicksal hatte seine eigene Art, Gerechtigkeit walten zu lassen. Sven und Manfred Dremler, der sich jetzt Gerold Schuster nannte, begegneten sich beinahe täglich im Kaufhaus bei der Arbeit, Sven arbeitete im Verkauf und Manfred/Gerold in der Werkstatt. Das Universum schien beschlossen zu haben, die Wahrheit zu unterdrücken.

Und so blieb die Leiche des Schuhmachermeisters Manfred Dremler verschwunden und die beiden Männer gingen weiterhin durch ihre Leben, als ob sie nie eine tragische Geschichte verbunden hatte. Eine Geschichte, die in den dunkelsten Winkeln der Werkstatt begraben lag, die von Dremlers Frau längst verkauft worden war.

Schweigen

kannst du schweigen
werde ich gefragt
kannst du schweigen, denn ich will dir
etwas anvertrauen — ein geheimnis

ja, sage ich
und mir wird etwas anvertraut
so ungeheuerlich
wie soll ich es nur bewahren, dieses geheimnis

mein gegenüber schaut mich an
du wirst mein vertrauen missbrauchen
ich hätte dir nichts erzählen sollen
von meinem geheimnis

aber es bedrückte mich
mit niemandem darüber sprechen zu können
jetzt habe ich die last an dich gegeben
bewahre es gut, mein geheimnis

es wird mich zerstören
wenn ich mit niemandem
darüber reden kann
über das geheimnis

warum nur, warum hast du es mir anvertraut
du gehst davon — ich bin allein
mit deinem schrecklichen geheimnis

Alien

Dieser Tag im Sommer war wirklich ganz besonders nach den langen regnerischen Wochen der letzten Zeit: Es schien die Sonne. Sie schien mit einer Kraft und Intensität, als wolle sie sich für ihr ‚Untertauchen‘ der vergangenen Zeit entschuldigen.

Die Menschen, die auf dem Schloßplatz spazierten oder auch irgendwelchen Zielen zustrebten, hatten überwiegend ein leichtes Lächeln, wenn nicht sogar ein Strahlen im Gesicht, man sah ihnen die Freude über den Sonnenschein an.

In der Mitte des Platzes hatte jemand ein Zelt aufgebaut, obwohl – ein richtiges Zelt war es eigentlich nicht. Es war gut, dass an diesem Nachmittag fast kein Wind herrschte, denn das Gebilde war anscheinend nicht befestigt, machte einen sehr zerbrechlichen Eindruck. Die Seitenwände schimmerten bläulich trotz des hellen Sonnenscheins, waren transparent, fast durchsichtig, es war kein Eingang zu erkennen und ein Dach konnte man nur erahnen.

Die Menschen machten, ohne richtig darüber nachzudenken, einen Bogen um das Ding, selbst die Hunde hielten sich davon fern. Es wirkte irgendwie unheimlich, wie es einfach nur dort stand, zudem schien in seinem Innern eine Lichtquelle zu sein, die pulsierend seit Stunden leuchtete. Vorbeikommende Eltern hielten ihre Kinder davon fern, obwohl natürlich keinerlei Gefahr davon auszugehen schien. Den ganzen Nachmittag über hatte sich immer wieder ein Kreis von Menschen um das Ding gebildet, aber niemand war nahe herangegangen, sie kamen und gingen, diskutierend oder nur verwundert.

Die Situation veränderte sich dramatisch, als vom nahen Kirchturm das Sechs-Uhr-Geläut einsetzte.

Ein sportlich wirkender junger Mann, so etwa dreißig Jahre alt, ging langsam auf das Zelt zu, wandte den Kopf zu seiner Freundin: „Gina, nimm das Handy und filme mich, ich will mal in das komische Zelt hineinschauen, vielleicht ist das für Instagram interessant!"

Er näherte sich langsam dem Ding, die Umstehenden feuerten ihn an: „Nur Mut!" Er hatte diesen Mut, trat näher heran. Es schien, als herrsche in dem Ding eine Hochspannung, er spürte am ganzen Körper ein starkes Kribbeln. Jetzt war er nur noch etwa einen halben Meter von dem Ding entfernt, könnte es mit den Händen berühren. Die Menschen ringsherum stachelten ihn weiter an, näher heranzugehen, es zu berühren, zu öffnen.

Ganz langsam streckte er seinen Arm weiter aus – für die Zuschauenden begann er plötzlich zu leuchten wie ein Hologramm.

Wie durch eine dicke Watteschicht hörte er seine Freundin rufen: „Jeffrey, kehr um, das Ding ist gefährlich!", aber er war bis hierher schon so mutig gewesen, da gab es für ihn kein Halten mehr: Er berührte die Hülle des Dings!

Im gleichen Moment war er durchscheinend wie die Wände des Dings, hatte keine greifbaren Konturen mehr. Die Menge schrie auf, seine Freundin stürmte in Richtung ihres Mannes – sie erreichte ihn nicht mehr.

Der junge Mann wurde von dem Ding absorbiert, verschwand darin, löste sich einfach auf wie sich ein Kandis im Tee, nur viel schneller. Bevor sich die Menge von ihrem Schreck erholt hatte, war das Ding einschließlich des Mannes in einer kleinen leuchtenden Wolke hinter dem Schloss verschwunden und ließ eine verzweifelte Gina zurück. Die von jemandem in der Zwischenzeit gerufene Polizei konnte nur noch Verschmorungen wie von einem Blitzschlag auf dem Pflaster konstatieren – die Videoaufnahme auf Ginas Handy zeigte NICHTS!

Die Befragungen umstehenden Zeugen durch die Polizei ergaben keinerlei Erkenntnisse. Der Mann war und blieb verschwunden, verschwunden in einer Wolke hinter dem Schloss.

Nur so ein Gedanke ...

HAST DU AUCH SCHON EINMAL DARÜBER NACHGEDACHT,
WAS GESCHEHEN WÜRDE,
WENN DIE GANZ GROßE FLUT KÄME?

SO WIE DIE BIBLISCHE SINTFLUT,
ALLES VERSCHLINGEND,
ZERSTÖREND?

WOHIN DU GEHEN KÖNNTEST?
WAS DU AUS DEINEM JETZIGEN
LEBEN RETTEN WÜRDEST UND KÖNNTEST?

WAS WÄRE DEINE ARCHE NOAH?
WOHIN KÖNNTEST DU FLIEHEN?

„Eiszeit - Eiszeit ...“

Die Teilnehmer an der großen Konferenz im Saal des Hotels waren ausschließlich mit Lufttaxen und Lilium-Jets auf dem großen Flugdeck des Hause gelandet – die Fahrt mit Pkw's über die oftmals durch demonstrierende Menschen blockierten Straßen war ihnen allen zu unsicher geworden, der Zubringerdienst hingegen war problemlos – auch heute hatten sich wieder viele Menschen vor dem Hotel versammelt.

Der inzwischen uralt gewordene Song eines gewissen Peter Maffay aus dem Jahre 1982 dröhnte, nein bedrohte geradezu die Menschen, die sich vor dem Eingang des hochmodernen, erst vor drei Jahren von Grund auf revovierten Luxushotels versammelt hatten. Fast niemand von den Demonstranten kannte das Lied, mit dem der Sänger, begleitet von einer aggressiv spielenden Rockband, in alter Zeit große Arenen und Hallen gefüllt hatte, nur einige Nostalgiker konnten sich daran erinnern. Nicht nur die Melodie, auch der Text, von Maffays intensiver Männerstimme gesungen und elektronisch verstärkt, verwirrte die Menschen. Ein gewaltiger Teppich aus Worten und Tönen ergoss sich über die Menge. Der harte Beat des Songs konnte die Herzfrequenzen sensibler Zuhörer massiv beeinflussen, die mächtigen Boxen, die neben dem Haupteingang des Hotels aufgebaut waren, erzeugten eine Lautstärke, die wahrscheinlich noch den Passanten auf der anderen Seite der Binnenalster eine Unterhaltung fast unmöglich machte. Die im Haus anwesenden Gäste und Konferenzteilnehmer blieben allerdings von der extremen Musik verschont – ein wirkungsvolles Schallisolierungs-Konzept sorgte im Innern des Hauses für eine ruhige Atmosphäre.

Niemand rund um die Alster, die durch erweiterte Eindeichungen erheblich an Fläche gewonnen hatte, konnte sich dem gewaltigen Sound entziehen, selbst die wenigen Fußgänger auf den neuen Alsterwällen, die schon vor Jahren aufgeschüttet waren, wurden massiv beschallt.

„Wenn die Meere untergeh'n und die Erde bricht ...". Die Teilnehmer der Demonstration waren dem Schalldruck, der von den Boxen ausging und bei manchen Herzprobleme hervorrief, vielfach nicht gewachsen. Mit zunehmender Geschwindigkeit zerstreute sich die Menschenmenge, schon bei der dritten Strophe des Liedes war der Platz vor dem Hotel wieder leer, die Lautsprecher konnten abgestellt werden.

Gemeinsam mit ihrem Chef und mehreren Mitarbeitern stand Lisa in der Lobby des Hotels: „Eine hervorragende Idee von mir, unser Haus auf diese Weise von der Belagerung durch dieses Proletariat, dieses Pack zu befreien". Pete Chang, der chinesisch-stämmige Direktor des Hotels, sah, sich zufrieden die Hände reibend, bei seinen in der Lobby diensttuenden Mitarbeitern um. „Wir sollten die Soundanlage zunächst nicht abholen lassen, wer weiß, was noch passiert durch diese Randalierer", wandte er sich seinem Hausmanager zu, der eifrig nickte, und auch die diensttuende Rezeptionistin signalisierte Zustimmung.

Chang lächelte jovial in die Runde und ging durch eine der Türen neben der Rezeption in sein Büro, sein 'Head Office', wie er es immer nannte, was hinter vorgehaltener

Hand häufig von den Mitarbeiterinnen und Mitarbeitern belächelt wurde.

Er setzte sich in seinen bequemen Sessel und sah sich auf der riesigen Computerwall seinem Arbeitsplatz gegenüber die Personalübersicht an. Es war eine sehr umfangreiche Darstellung, schließlich arbeiteten im Haus fast tausend Menschen in vierzig verschiedenen Jobs.

Durch gesprochene Befehle wurden ihm die gewünschten Details angezeigt. Achtundzwanzig Personen hatten im letzten Monat das Haus verlassen, diesen Abgängen standen ganze 12 Neuzugänge gegenüber, ausgewählt aus insgesamt 217 Bewerberinnen und Bewerbern.

„Es wird immer schwerer, qualifiziertes Personal zu finden, so viele Menschen haben die Region verlassen!" ging es ihm durch den Sinn und „vielleicht sollten wir wirklich auf einigen Gebieten auf Androiden setzen, ich will Lisa dazu befragen."

„Verbindung zu Lisa", befahl er dem Computer und rief damit die Personalmanagerin, die zugleich oberste Rezeptionistin war, zu sich.

„Lisa, wir müssen etwas bereden", sprach er sie ohne Umschweife bei ihrem Eintreten an, „wir haben Probleme!"

„Pete, das ist nichts Neues! Seitdem wir erhöhte Buchungszahlen haben, weil wir das einzige große Haus weit und breit sind, ist die Grenze unserer Leistungsfähigkeit überschritten – wir brauchen mehr Personal!"

„Richtig, genau darüber, über die Personalsituation will ich mit dir reden. Mir ist der Gedanke gekommen, für bestimmte Jobs Androiden einzusetzen, wie es andere Häuser unseres Konzerns bereits mit Erfolg tun!"

„Androiden? Im Hotel? Hast du dir das gut überlegt? Sind die nicht eher für ganz andere Aufgaben geeignet? In Banken, Behörden, Fabriken? Hier kommt es doch auf anderes Können als seelenloses Abarbeiten einfacher Vorgänge an!"

„Bitte sei nicht unverschämt, Lisa, meine Überlegungen gehen nämlich genau in Richtung 'Service' und 'Gastbetreuung', deine ureigensten Fachgebiete."

Lisa war bei seinen Worten innerlich zusammengezuckt, nach außen ließ sie sich jedoch nichts anzumerken. Sie hatte gelernt, dass man einem Chinesen nicht seine wahren Gefühlsregungen zeigen sollte, es würde sofort als Schwäche ausgelegt. Lächelnd entgegnete sie ihm:

„Soll das bedeuten, dass wir stur und unflexibel sind? Nicht gut genug auf unsere Gäste eingehen? Du willst meine Leute durch Roboter ersetzen, Pete?"

„Ja, jedenfalls zum Teil. Und nein, Ihr macht einen guten Job. Dennoch: Ihr seid zu wenige, die wirklich flexibel sind, und der Rest? Den will ich ersetzen, jeder Roboter ist besser als diese Leute! Dein Job ist natürlich sicher, solange du deine Arbeit in meinem Sinne machst. Aber die mancher Kolleginnen und Kollegen an der Rezeption? Wir müssen besser werden, deshalb habe ich mir entsprechende Angebote zuschicken lassen, die Dateien werde ich gleich für dich freischalten – bitte sieh dir alles zeitnah und gründlich an. Morgen um neun habe ich einen Termin für dich frei, Lisa. Bis dann, informiere dich gründlich - ich habe jetzt zu tun."

Mit diesen Worten war das Gespräch beendet, Pete beugte sich über seine Unterlagen auf dem Schreibtisch. Langsam ging Lisa zurück in ihr Büro, Pete Changs Worte immer noch im Ohr.

Tatsächlich hatte ihr Boss die Dateien bereits in der hoteleigenen Cloud freigeschaltet., als sie ihren Arbeitsplatz erreichte. „Schnell ist er ja, der Mister Chang", ging ihr durch den Kopf, „dass muss man ihm lassen!" Schon morgen früh um neun wollte er ihre Meinung hören – wollte er die wirklich kennenlernen, oder war das alles nur Rhetorik - hatte er sich bereits entschieden? Irgendwie hatte sich das im Gespräch so angehört …

In ihren Ohren klang immer noch der Text des Liedes nach, mit dem die Demonstranten vertrieben wurden. Sie rief ihn über eine Suchmaschine auf ihrem Tablet ab: „Eiszeit, wenn die Meere untergeh'n und die Erde bricht ..."

Nachdenklich starrte sie auf den Bildschirm, den Kopf in die Hände gestützt. Nein, die Meere waren nicht untergegangen, ganz im Gegenteil, sie hatten sich in den vergangenen zwanzig Jahren zu gewalttätigen Monstern entwickelt. In Europa, nein, weltweit war es in den zwanziger Jahren zunächst nur zu immer extremeren Wetterlagen mit Dürreperioden und Überflutungen gekommen; teilweise wurden große Landstriche verwüstet, in manchen Fällen sogar unbewohnbar geworden, so dass die Bevölkerung von dort vertrieben wurde. Im Pazifik waren ganze Inselgruppen im Meer verschwunden. Jetzt, in den Dreißigern, war durch die immer schneller steigende Erderwärmung der Meeresspiegel noch ständig weiter angestiegen. Direkte Ursache dafür war das massive Abschmelzen der Polkappen – Grönland war seit dem Jahre 2032 eisfrei, die sibirische Tundra eine riesige, kaum zu nutzende Schlammwüste mit all ihren negativen Auswirkungen, aus der die freiwerdenden Treibhausgase die Erderwärmung immer stärker anheizte.

Die Deiche in Europa hatten massiv erhöht werden müssen, um die großen Städte wie Hamburg, Amsterdam oder Bremen vor den in jedem Jahr höheren Fluten zu schützen, für die kleineren Orte unterhalb einer Linie von acht bis zehn Höhenmetern kamen dies Maßnahmen oftmals zu spät. Lisas Gedanken schweiften ab in die Region Ostfriesland, in der sie vor dreißig Jahren geboren wurde. Die ganze Region war in den Fluten verschwunden, existierte einfach nicht mehr. Von den größeren Städten wie Emden, Aurich und Leer waren nur noch die hohen Kirchtürme zu sehen – zum Glück hatte man die Bewohner rechtzeitig umsiedeln können!

Die Erinnerungen an die vergangenen Ereignisse lenkten sie von ihrem Auftrag, sich mit Androiden als 'Arbeitskollegen' zu befassen, sehr ab – ihre Gedanken und Sorgen galten den Menschen, die unter diesen Katastrophen zu leiden hatten.

Die Demonstranten waren zu Fuß über die Hochstraße, auf der zurzeit nur noch der unabwendbare Lieferverkehr herrschte, zum Hotel gekommen, ein langer Zug von zumeist ärmlich wirkenden Frauen, Männern und Kindern. Sie alle wollten ihre Sorgen und Schwierigkeiten den

Verantwortlichen zeigen – ein letztlich vergebliches Be-
mühen.

Die vielen hundert Menschen, die von Pete Chang
durch die Lautsprecheranlage vertrieben wurden, hatten
nicht ohne Grund vor dem Hotel demonstriert – im Haus
tagte heute ein Gremium von Politikern und Wirtschafts-
fachleuten, das sich mit der endgültigen Abschaffung des
Bargeldes und der Umsiedlungspolitik befassen wollte.
Dieses Projekt würde der Bevölkerung bei aller ohnehin
schon existenten Not die Reste ihrer wirtschaftlichen Exis-
tenz nehmen!

Sie hatten versucht, ihre Anliegen deutlich zu machen:
Sie wollten in ihren Wohnungen bleiben, hier in der weit-
gehend zerstörten Stadt, wollten endlich arbeiten, nicht
mehr auf staatliche Almosen angewiesen sein, ihr Bargeld
behalten und sie wollten nicht mehr so massiv überwacht
werden, wie es gegenwärtig der Fall war – es gab keinen
Flecken in der Stadt, an dem keine Überwachungskamera
installiert war.

Lisa musste sich zusammenreißen, sich auf ihre Arbeit
konzentrieren, wenn sie nicht die ganze Nacht lang am
Auftrag Changs arbeiten wollte. Sie rief den Ordner mit
den Angeboten auf, von denen ihr Chef gesprochen hatte,
und war sehr erstaunt – das Thema 'Einsatz von Androiden'
war ihr bisher nicht in den Sinn gekommen, bisher war es
für sie ganz weit weg. Die Informationen, die ihr Boss für
sie bereitgestellt hatten, ließen sie staunen. Die Gedanken
an den oder die Kollegin oder Kollegen Humanoidin, Hu-
manoid, hochentwickelte menschenähnliche Computer,
ängstigten sie ein wenig.

Erste Aussage der Angebote, ganz gleich von welchem Anbieter, war: Für die Kosten eines Jahresgehaltes der zu ersetzenden Kollegen in der Rezeption konnten sie einen Androiden mit männlicher oder weiblicher Ausformung bekommen, dazu kam dann noch eine monatliche Wartungspauschale für die Hardware und das Programm – eine für die Anteilseigner des Hotels sicher sehr attraktive Alternative der Personalbeschaffung. Lisa schaltete weiter zum ersten im Ordner gespeicherten Angebot.

Es zeigte Modelle von Androiden in Aktion. Sie musste immer mehrere Male hinschauen, um glauben zu können, dass es sich nicht um Menschen handelte, die vor ihr auf dem Bildschirm agierten. Frauen und Männer, akkurat gekleidet, perfekt gestylt, die an einer Rezeption die Gäste begrüßten, ihre Wünsche entgegennahmen, mit ihnen Smalltalk hielten – selbst ihre Reaktion auf Scherze und Anspielungen waren perfekt. Ein interessantes Detail in fast allen Demonstrationsfilmen fiel ihr auf: Im Hintergrund war stets ein mit dem Text „No Cash, Please!" zu sehen.

Die ebenfalls perfekten Androiden für den Service hatten anscheinend einen kräftigeren 'Körperbau' als die Rezeptionistinnen und Rezeptionisten, denn ihre Aufgabe, wirkungsvoll demonstriert, war unter anderen auch das 'Hinauskomplimentieren' von renitenten Gästen. Ein dritter Komplex in den Angeboten war der Housekeeping-Service, dessen Durchführung durch funktionale, aber nicht humanoide Roboter angeboten wurde – sie könnten die Reinigung der Zimmer, Flure und Lobbys sowie das Aufbereiten der Betten und ähnliches übernehmen.

Lisa informierte sich über die Anschaffungskosten und den Aufwand für den Betrieb der Roboter (denn solche waren es trotz ihres attraktiven Äußeren immer noch!). Das mittlere Jahresgehalt eines heutigen menschlichen Mitarbeiters war ausreichend für die Anschaffung eines Androiden, einschließlich der von der staatlichen Arbeitsverwaltung inzwischen erhobenen einmaligen Gebühr für das Freistellen von Arbeitnehmern. Die Softwarekosten und deren Wartung sowie die technische Wartung der Geräte belief sich jeweils auf etwa ein Monatsgehalt pro Jahr.

„Wenn ich mich für die Androiden entscheide, verschwinden hier im Haus zehn Leute an der Rezeption und ungefähr sechzig im Service", grübelte sie, „dazu kommen noch etwa zweihundert Kräfte im Servicebereich. Und wenn ich mich dagegen entscheide, fliege ich raus, und die Maßnahmen werden trotzdem gestartet!" Ein echtes Dilemma, eine ausweglos erscheinende Situation für sie!

Sie schrieb ihre Stellungnahme zu den Angeboten, wohl wissend, dass sie sich diese Arbeit eigentlich sparen könnte. „Warum", fragte sie sich dabei, „warum sollte Pete Chang, der treue Diener seiner chinesischen Herren, diesen Deal nicht machen? Sein Ansehen in Beijing wird dadurch erheblich steigen!".

Sie verließ das Programm, mit dem sie die Angebote betrachtet hatte, gab das Kommando zu Abschalten von Rechner und Screen. Dann räumte ihre privaten Utensilien auf ihrem Schreibtisch zusammen, ging zur Tür und begab sich auf den Heimweg – hinter ihr erlosch die Beleuchtung automatisch.

Ihr Wasserstoff-Tesla stand auf dem oberen Parkdeck des Hauses – ihre Familie war eine der wenigen, die noch einen privaten Wagen besaß, die meisten Strecken wurden inzwischen mit Drohnen oder Liliums zurückgelegt. Tiefgaragen waren in der Stadt nach den großen Hochwassern ohnehin nicht mehr benutzbar und Menschen mit hohen Einkommen waren sehr selten geworden. Sie gab ihr Fahrtziel in den Bordcomputer ein und setzte sich, ihren Gedanken aus dem Büro noch nachhängend, in den Font des Wagens. Schon nach wenigen Minuten fielen ihr von den Anstrengungen des Tages die Augen zu.

Der Rechner lenkte den Wagen über die Rampe über den Alsterwall hinweg auf die nunmehr etwa zehn Jahre alte, von Stellingen kommende stählerne Hochstraße in Richtung Horner Kreisel, wo ein Anschluss auf die A24 Richtung Reinbek bestand.

Sie sah in ihrem Halbschlaf die untergegangenen Stadtteile und ehemaligen schönen, zu allen Zeiten stark belebten Straßen – jetzt, nach der großen Flut, waren alle Lichter erloschen. Von der Alster bis hin zum Binnenhafen –

eine Wasserfläche, aus der nur hin und wieder eines der hohen Gebäude herausragte. Die Funktionen der Bürgerschaft waren nach der letzten Sturmflut endgültig zur norddeutschen Zentralregierung verlagert worden, das Gebäude aufgegeben. Die Wallanlagen waren vom Glockengießerwall bis zum Steintorwall erhöht worden, aber innerhalb dieses Ringes stand alles unter Wasser, kein Haus war noch bewohnbar. Von der früher so stolzen Elbphilharmonie, die aus dem Wasser herausragte, leuchtete ein rotes Positionslicht herüber. Sie schreckte auf, als der Wagen plötzlich stark abbremste – ein Mensch hatte sich auf die Schnellstraße verlaufen und irrte dort umher, was in der letzten Zeit häufig vorkam. Der traurige Anblick dieser armen Menschen war ihr immer wieder ein Graus, wann auch immer sie die Strecke befuhr.

'Und wenn alle Jobs in Zukunft von Computern und Maschinen in Menschengestalt ausgefüllt werden, wovon sollen die Menschen dann leben?'. Der Plan der Chinesen ging ihr nicht aus dem Sinn. An der Abfahrt Reinbek verließ der Tesla langsam die Autobahn, steuerte über die Straßen des Stadtteils auf ihr Haus zu, Lisa war in der Zwischenzeit in einen tiefen Schlaf gefallen. Als sich der Wagen ausschaltete und die Tür öffnete, ergoss sich ein Schwall eiskalten Wassers über ihre Füße. Mit einem Aufschrei erwachte sie auf der Rückbank, in Schweiß gebadet, ihre Gedanken noch völlig verwirrt.

„Liebling, was ist, ich bin es!" Beat, Ihr geliebter Mann rüttelte sie an der Schulter, strich ihr liebevoll durch ihre langen blonden Haare – Tom, der riesige Bobtail, Liebling der ganzen Familie, hatte an ihren in Sandalen steckenden Füßen geleckt. Noch ganz verwirrt sah sie ihren Lebensgefährten an: „Ich hatte einen schrecklichen Traum, mein Boss will das Personal durch Androiden ersetzen. Und dann träumte ich meine Heimfahrt durch unser so schrecklich zerstörtes Hamburg", Beat unterbrach sie: „Mein

Schatz, erzähl später, steig bitte ganz schnell aus, das war kein Traum, das war eine Vision! Der Katastrophen-Warndienst hat gerade eine dringenden Meldung herausgegeben, wir müssen sofort weg. Gut, dass die Kinder schon in Lüneburg bei deinen Eltern sind ..."

Lisa sprang aus dem Wagen, lief mit ihrem Lebenspartner ins Haus. „Was ist passiert, Beat?"

„Die Behörde hat mitgeteilt, dass eine riesige Flutwelle auf die Küste und die Stadt zurollt, so riesig, wie sie noch niemals beobachtet wurde. Hamburg soll komplett evakuiert werden, und wenn wir erst einmal in dem Monster-Lkw-Stau stecken, der zu erwarten ist ... Ich habe schon die wichtigsten Sachen im Flur bereitgestellt, viel passt ja nicht in den Wagen. Unsere persönlichen Sachen, die Rechner usw. und ein paar Dinge der Kinder. Kümmere du dich um deine privaten Sachen und die der Kinder, und dann los!"

Beat warf einen schnellen Blick auf seine Info-Uhr: „Es wird Zeit – dieses Haus ist vielleicht für uns verloren, wenn es von der Flut erfasst werden sollte. Komm!"

„Denkst du wirklich, dass uns HIER die Monsterwelle erreichen könnte?" Lisa kann es sich nicht so richtig vorstellen, schließlich lag Reinbek doch einige Meter höher als die Innenstadt.

„Lisa, bitte, keine Diskussion, wir müssen los!" Beat wurde ungeduldig, „ich habe unser Haus für die Allgemeine Überwachung angemeldet für den Fall von Plünderungsversuchen!"

In Windeseile suchte Lisa ihre privatesten Dinge zusammen, einige ihr wichtige Kleidungsstücke, Wäsche, ihren Schmuck, dazu dann noch ihren Laptop und das Smartphone

„Lisa, komm, es wird höchste Zeit, es bilden sich schon die ersten Staus!"

Sie stiegen in den Wagen, gaben das Fahrtziel ein, versuchten, die Situation und das Kommende zu besprechen – aus dem Soundsystem des Wagens war Peter Maffay zu hören: „Eiszeit! Atlantis kommt jetzt hoch …"

Es erschien ihnen, als sei heute das Ende eines ganzen Lebensabschnitts. Den Termin bei Chang würde sie nicht wahrnehmen …

haiku- herbststimmungen

DER STURM TREIBT SIE AN
EINER BLÄTTERJAGD ARMEE
EROBERT DAS HAUS

HERR, SENDE WÄRME
DIE WELT IST KALT GEWORDEN
ANGST IST ÜBERALL

TOSENDE WELLEN
BRESCHEN IN DEN DEICH SCHLAGEND
FLIEHENDE TIERE

HERBSTSTURM, LAUB JAGEND
AM BRUNNEN IM TRAUMGARTEN
SCHWINDENDER SOMMER

Schreibblockade

Ich sitze vor dem Laptop und mir kommt keine Idee
der weiße Screen grinst mich an, es tut fast weh.
Warum habe ich mich überhaupt an diesen Krimi gewagt?
Doch, ja, irgendwas in mir hat gesagt:
Du musst es tun, hast den Roman versprochen
der Verlag wartet schon, aber er sitzt mir in den Knochen.
Schreib einfach Zeile um Zeile, es wird schon gehen
am nächsten Tag wird dort das Wort ‚ENDE' stehn!

Doch ich sitze und grüble so vor mich hin
NICHTS fällt mir ein, es hat keinen Sinn
ich schließe den Deckel, es hat ja eh keinen Zweck
dann chille ich besser auf der Couch im Eck
und schlafe ein Stündchen.
Vor der Couch liegt mein Hündchen!

Der BigBen-Gong der Tür hat mich sehr erschreckt,
ich springe hoch, stürze fast hin, der Hund flüchtet ins Eck
Ich reisse die Tür auf – es ist niemand zu sehn
Sturm jagt ums Haus, ich kann kaum stehn
er bläst, heult, rüttelt, reißt mir die Tür aus der Hand -
am Haus gegenüber seh ich 'nen Schatten an der Wand.

Ich schrecke zusammen, will mich jemand bedrohn?
Da klingelt drinnen schrill unser Telefon.
Ich renne zurück, ist die Welt jetzt verrückt?
Hallo, wer ist da, was liegt denn überhaupt an?
Am anderen Ende spricht drohend ein mir fremder Mann
und sagt und ängstigt mich sehr: Ich bringe dich dann
mal einfach um, deine Zeit ist vorbei,
Meine Leute sind gleich bei dir – eins, zwei, drei.

Ich rase wieder zur Tür, knalle schwungvoll sie zu
Der Hund denkt bestimmt: Warum hat der keine Ruh?
Aber, Hund, der Schreck hat mich jetzt motiviert
ich setzt mich an den Laptop, total inspiriert
es plötzlich laufen die Worte wie geschmiert
füllen Seite um Seite, Wunder geschehn
der Verlag wird ein tolles Ergebnis sehn!
Es hat mich gepackt, die Blockade vorbei
schreibe Zeile um Zeile, der Ideen vielerlei.
Schon fast könnte unten das Wort „ENDE" stehn
da klingelts an der Tür und jemand ruft „Fertig? Lass uns
gehn!"

Ein Blick aus dem Fenster, ein schwarzes Auto steht dort.
„Ist jetzt mit mir vorbei?", denke ich und will fliehn,
einfach fort
Nur irgendwo hin, egal an wohin –
doch ich komme hier nicht weg, es hat keinen Sinn!
Doch so schnell wirft man nicht das Leben hin,
man muss sich wehren
und seine Angst unter den Teppich kehren!
Da geht plötzlich die Tür auf, sie poltern herein
jetzt holen sie mich, wer kann das nur sein?

Jedoch es steh'n Freunde da, es sind wohl an die zehn.
Ich habe Geburtstag, hab es nicht auf dem Kalender geseh'n
und deshalb der Droh-Scherz und die ganze Meute.

… Ist das ein Wahnsinnstag heute!

erinnerungen

von ferne
ganz weit weg von mir

kommt die melodie
nur bruchstückhaft
kaum erkennbar

ein windhauch
bringt die töne über die stadt
"try to remember"
harry belafonte
ich erkenne
seine samtweiche stimme

"try to remember"
versuche, dich zu erinnern
woran?

woran lohnt es
sich zu erinnern?

„Carpe Diem", nutze den Tag!

Die Uhr

Tick – tack – tick – tack. Es sollte ihr Vermächtnis an mich sein, wie ich erst zwanzig Jahre nach ihrem Tode erfuhr, als mir eine Verwandte dieses materiell nicht besonders wertvolle Erbstück überreichte; jetzt sind annähernd vierzig Jahre vergangen, seit meine Tante Anna und ihr Mann, Onkel Gustav, die ursprünglichen Besitzer der Uhr, verstorben sind.

Seit nunmehr zwanzig Jahren hing (und hängt noch immer) die Uhr also dekorativ in unserer Wohnung, zeigte nur zweimal am Tag die korrekte Zeit, will sagen, sie lief nicht. Bis gestern, als sie der Uhrmachermeister, den wir um Instandsetzung gebeten hatten, zurückbrachte und sorgfältig wieder an dem für sie vorgesehen Platz aufhängte.

Tick – tack – tack höre ich jetzt wieder, und die Erinnerungen an meine Kindheit wird mit jedem Tick und jedem Tack wachgerufen …

Das ist sie, die Uhr, eine kleinere Pendeluhr, Holzgehäuse mit Glaseinsätzen vorn und an den Seiten, ein schönes messingglänzendes Pendel, das Ziffernblatt mit römischen Ziffern – das ist sie, die Uhr von Tante und Onkel, für mich ein Erinnerungsstück an glückliche Ferien!

In meiner Kindheit habe ich die großen Ferien häufig bei Tante Anna und Onkel Gustav verbracht. Sie wohnten in Langelsheim, einer kleinen Stadt am nördlichen Rande des Harzes, in einer wirklich kleinen Wohnung im Hause des Bäckermeisters Lehmann. Eine Stube, die nur selten genutzt wurde, zur nach Goslar führenden Bundesstraße gelegen. Die kleine Küche mit dem Fenster zum Hof, Klo (ohne fließendes Wasser) eine halbe Treppe tiefer, ebenfalls zum Hof das Schlafzimmer mit metallenem Doppelbett, zwei Nachtschränkchen und einem Kleiderschrank. Der Hof war der Ort, an dem der Bäckermeister das Holz für den Backofen spaltete und wo ein, zwei Mal im Jahr ein Schwein geschlachtet und zerlegt wurde. Eine auf der Südseite voll verglasten Veranda, etwa 1,60 m breit, x 3,50 m lang – mein Domizil in den Ferien, in der übrigen Zeit war es eine Abstellkammer mit Bett. Das war die Wohnung in dem kleinen Ort Langelsheim, damals mit etwa siebentausend Einwohnern.

Tante Anna war eine kleine, dünne Frau, vom Leben und der vielen schweren Arbeit gebeutelt, zweitältestes Kind von sieben ihrer Eltern aus Othfresen. Sie schuftete, nur so habe ich sie in meiner Erinnerung, von früh bis spät, um das wenige Geld, das dem Onkel nach seinem schweren Schlaganfall in frühen Jahren, er mag etwa fünfzig Jahre alt gewesen sein, durch ihre Arbeit aufzubessern. Wenn sie nach vielen Stunden Arbeit (sie hatte im Ort

Putzstellen) nach Hause kam, musste sie sich auch noch um den im Rollstuhl sitzenden großen, schweren Mann kümmern – ich weiß bis heute nicht, woher diese zierliche Frau die Kraft bekam.

Es waren, so ist es in meinem Gedächtnis geblieben, stets wunderbare Ferien bei zumeist wunderbarem Sommerwetter. Gelegentlich durfte ich in die Backstube mit dem großen Steinbackofen, der am Abend mit den langen Holzscheiten gefüttert wurde, damit am frühesten Morgen die Hitze für das Backen in den Steinen vorhanden war. Bäckermeister Lehmann war ein schlanker, aber kräftiger Mann, am frühen Vormittag konnte ich ihm manchmal dabei zusehen, wenn er mit einem langen Brotschieber die fertigen Laibe aus dem Ofen nahm – wenn alle Brote im Regal lagen, war die Zeit, um Kuchen zu backen. An guten Tagen (eigentlich waren alle Tage dort gut) durfte ich aus den altbackenen trockenen Brötchen das Paniermehl malen. Vor Feiertagen warteten in der Backstube die großen Kuchenbleche, die am Tag zuvor an Kundinnen ausgeliehen waren und auf denen sie Zucker-, Streussel- und Zwetschgenkuchen oder Eierplatz backfertig vorbereitet hatten, darauf, in den Ofen geschoben zu werden, dafür genügte die Resthitze im Ofen. Die ganze Backstube war dann voll der herrlichsten Kuchendüfte, von denen ich nicht genug bekam …

Die Zeit mit vielen Ferienfreunden war fast die ganzen Ferien hindurch damit ausgefüllt, einen begehbaren Damm durch das Flüsschen „Innerste" zu bauen, der zumeist nur eine Wassertiefe von etwa dreißig bis vierzig cm hatte. Es wurden im Flussbett große Steine, die dort lagen, aufgeschichtet, Grassoden aus dem Uferbereich wurden ausgestochen und als Dichtmaterial verwendet, mit einem Brett wurde der Wasserdurchlass, der natürlich von uns eingebaut war, überbrückt. Bei sengender Sonne schufteten wir vom Vormittag bis Sonnenuntergang, nur durch das Mittagessen unterbrochen.

Den größeren Jungen unserer ‚Truppe' war es gelungen, leere Benzinkanister, Bretter und Seile zu beschaffen, aus denen von ihnen ein Floß gebaut wurde. Nach Fertigstellung unseres Dammes betrug der Wasserstand zumeist etwa einen Meter – das Fahren mit dem Floß war der Lohn unserer Arbeit. Große Ärgernisse waren allerdings das starke Anschwellen der Innerste, wenn im Harz oder vor Ort ein Gewitter gewesen war, denn dann war der Damm fast immer völlig zerstört und weggeschwemmt worden, was uns aber nicht vom Bau eines neuen Übergangs am gleichen Platz abhielt. Manchmal durften wir allerdings weder zum Arbeiten noch zum Floßfahren ins Wasser, weil das Stickstoffwerk „Wifo", in dem Onkel Gustav als Pförtner gearbeitet hatte, wieder einmal schwefliges, stinkendes Abwasser in das Flüsschen geleitet hatte.

Die Uhr hing damals bei Tante und Onkel in der Küche direkt über der Chaiselongue, die genau in die Nische in der Küche passte und die mein Lieblingsplatz in der Wohnung war. Hier war ich bei Regenwetter zu finden und las in den wunderbaren „Schundheften", wie meine Eltern gesagt hätten, die mir ein Nachbarsjunge auslieh – „Tom Mix", „Tom Prox", „Jerry Cotton" und ähnliche hochgeistige Literatur. Neben meinem „Leselager" stand direkt der Küchentisch, sehr praktisch, brauchte ich doch für die Mahlzeiten gar nicht erst aufzustehen. An der gegenüberliegenden Wand stand der Kohleofen, der im Sommer natürlich nur zum Essenkochen benutzt wurde und an der Außenwand neben dem Fenster war ein Spülbecken.

An den späten Nachmittagen oder wenn der Dammbau nicht lief, saß ich im Wohnzimmer gern am geöffneten Fenster, hier führte (führt natürlich noch immer) die Bundesstraße nach Goslar vorbei. Ich blieb, bis die Abenddämmerung die Möbel im Raum verschwinden ließ oder Tante Anna zum Abendessen rief. Mein Hobby an diesem wunderbaren Fensterplatz war, die Autokennzeichen der vorbeifahrenden Fahrzeuge in einem Notizheft zu notieren: „BN 97-8076, BS 35-8560 … (Diese Art von Kennzeichen gab es, meine ich, bis 1956, danach kam die noch heute gültige Form, aber da fuhr ich schon nicht mehr zu Tante und Onkel).

Wieso macht mich diese alte, eigentlich recht wertlose Uhr (fast) sentimental? Ist es die Erinnerung an zwei sehr liebe Menschen, die mir einmal ziemlich nahe waren? Ist es mein inzwischen doch schon recht fortgeschrittenes Alter, das mir Vergangenes in Erinnerung ruft? Ist es das Geräusch der Uhr, ihr Tick – Tack – Tick – Tack, das mich an das unerbittliche Vergehen der Zeit erinnert? Ich weiß es nicht!

Das mit dem Alter streite ich ab, ist sie (die Uhr) doch deutlich älter als ich – der Uhrmachermeister sagte mir, dass das Werk aus den Jahren 1862-64 stamme. Sie gehörte zum Hausstand meiner verstorbenen ‚Ferieneltern‘, muss also in den 1920er-Jahren gekauft worden sein, hat also inzwischen auch schon über einhundert Jahre auf dem Buckel … Vielleicht sollte ich sie einmal befragen nach den alten Zeiten, den guten und den weniger guten, nach Freud und Leid in der kleinen Wohnung am Rande des

Harzes, aber ich fürchte, sie wird schweigen. Sie wird mir nicht erzählen können, als das junge Paar ihren einzigen Sohn bekam, auch nicht, wie sehr die Tränen flossen, als er in französischer Kriegsgefangenschaft umkam. Sie wird mir nichts von den wirtschaftlichen Problemen erzählen können, unter denen meine Ferieneltern zu leiden hatten, nachdem Onkel Gustav seinen Schlaganfall bekommen hatte und danach arbeitsunfähig war. Sie wird mir auch nicht erzählen können, wie groß Tante Annas gesundheitliche Probleme waren, wenn sie auf Knien rutschend die riesige Küche des Gasthofes aufwischte, um ein paar Mark zu verdienen. Und wenn Onkel Gustav, im Rollstuhl sitzend, rief „Anna, Anna!" und sie herbeieilte, um ihm seine Zigarre zu bringen – nein, alles dies wird sie mir nicht mehr im Detail erzählen können.

Genug der Erinnerung an Unwiederbringliches, lassen wir uns in die Zukunft schauen. Die alte Pendeluhr läuft und wird, so hoffe ich, noch sehr lange laufen, denn irgendwann einmal wird sie in jüngere Hände übergehen – so ist der Plan. Aber wer weiß schon, was uns und der Uhr das Schicksal zugedacht hat.

So bleibt sie ein Relikt aus vergangenen Zeiten, aber immer noch freundlich bemüht, ziemlich exakt die Zeit anzuzeigen, wenn wir sie denn ordentlich behandeln, genauso wie es Tante und Onkel stets taten. Sie mahnt uns täglich mit ihrem Tick – Tack – Tick – Tack:

„Carpe Diem", nutze den Tag!

Medizin für Alles

Mit 'nem Teelöffel Zucker ...

... nimmt man jede Medizin

Mit ein paar leeren Versprechungen ...
... beruhigt man Menschen, die sich ängstigen

Mit kräftigen Steuergeschenken ...

... erkauft man das Wohlwollen der Reichen

Mit tausenden Lobbyisten ...

... beeinflusst man Abgeordnete, macht Macht

Mit rechten und linken Parolen ...

... beschwört man das Böse wieder herauf

Mit Stillhalten ...
gewinnt man NICHTS

Zukunftsgedanken

(Mein Beitrag in der Anthologie „Zukunft?!" des
Leseforum Oldenburg e.V. / 2020)

Mein lieber Freund!

Am Samstagabend saßen wir zu zweit gemütlich beim
Rotwein und diskutierten bis weit in die Nacht hinein über
Gott und die Welt und die Zukunft. Heute nun kam mir die
Idee, unsere Gedanken aufzuschreiben – hier ist nun das
Ergebnis. Eigentlich wollten wir eine Partie Schach spie-
len …

„Ich kann das Thema nicht mehr hören!", war Dein
Ausruf, bei dem Du fast Dein Glas umgeworfen hättest, als
Du zufällig eine Zeitung ansahst, „überall, immer hört man
nur ‚Corona', ‚Pandemie', ‚Risikogruppen'! Da hat man
eine riesige Zahl an Krankenhausbetten für Covid-19-Er-
krankte reserviert, die kaum belegt werden, und geplante
OPs mussten warten! Was hätte man mit dem vielen Geld
alles anfangen können, vom Lockdown der Wirtschaft
ganz zu schweigen – ich verstehe das Ganze nicht!"

Unser Abend wurde durch dieses aktuelle Thema auf
ein völlig anderes Gleis gebracht. Ich konnte, Du erinnerst,
Deinem „Ausbruch" nicht sehr viel entgegensetzen, auch
mich nervte das ganze Thema gewaltig. Aber was wäre die
Alternative zu den Maßnahmen der Regierung gewesen?
Wir mochten uns nicht vorstellen, dass in unserem Land
massenhaft am Virus Erkrankte und Tote wie in Südeuropa
oder den Staaten, aktuell Brasilien, zu registrieren gewesen
wären … Zurzeit, meinten wir, seien wir noch einmal mit
einem blauen Auge davongekommen – eine Diskussion
über die diffusen Verschwörungstheorien haben wir uns er-
spart!

Für dieses Thema haben wir zwei Gläser des Roten aufgewendet, bevor wir unser Gespräch einem dauerhaft noch viel wichtigeren Gebiet zuwandten – Schach spielen wollten wir nicht mehr, die Zukunft wurde unser Gesprächsthema.

Uns war klar, dass wir uns beide im fortgeschrittenen Alter, realistisch betrachtet, in der Nähe der statistischen Lebenserwartung befinden. Warum sollten wir uns also noch so viele Gedanken um die Zukunft der Welt machen, wenn wir sie in absehbarer Zeit verlassen werden – was wir allerdings möglichst weit hinausschieben möchten. Aber wir haben beide Kinder und Enkel., schon deshalb hat es sich gelohnt, mit Dir gemeinsam über das Kommende nachzudenken.

Eine ganze Reihe von Themen beschäftigte uns an diesem langen Abend.

„Sag mal, was hältst Du eigentlich von den Demos der Fridays for Future-Leute?", fragtest Du beim nächsten Glas.

Damit begann unsere ‚Themenreihe'.

„Ich finde das großartig! Was vom Club of Rome angestoßen, von vielen Wissenschaftlern angemahnt und den Regierungen weitgehend ignoriert wurde, bringen die Kids jetzt auf die Straße, die Politik muss sich endlich bewegen!"

„Klimawandel" – dieser Begriff beherrschte seit Beginn der Demonstrationen die Headlines der Print- und Bildmedien, und dies nach unserer Ansicht auch zu Recht, bevor er vom Thema ‚Corona' überlagert wurde ...

Die Wetterkapriolen weltweit werden uns fast täglich vor Augen geführt: Venedig unter Wasser, riesige Brände in der sibirischen Tundra, in Australien, Brasilien und Kalifornien, Taifune über Haiti, dem südlichen Afrika und den Philippinen. Und dann gibt es noch die Ansicht, es gäbe keinen Klimawandel! Er ist real, messbar, wird von jedem gespürt und ist im Wesentlichen von Menschen gemacht!

Wir werden, mit schnell zunehmender Tendenz, das Abtauen des Eises sowohl in der Arktis als auch in der Antarktis erleben. Die Erde ist bereits in einem unumkehrbaren Prozess des Auftauens der Permanentfrost-Böden u. a. in Sibirien, ein Vorgang, der zu massiv steigenden Kohlendioxyd-Freisetzungen führt, was wiederum die Erderwärmung antreibt.

„Wirksame Maßnahmen gegen die ständig weiter steigende Erderwärmung können nicht von Dir und mir erreicht werden, hier bedarf es des absoluten Willens der Mächtigen in der Welt! Aber wenn wir die sogenannten Ergebnisse der letzten Klimakonferenz anschauen – traurig." Deinem Statement konnte ich nur schweigend zustimmen.

Die Zukunft in diesem Sektor ist leider nach unserer Ansicht trübe: Die Erderwärmung wird weiter ansteigen, die Eis- und Permanentfrost-Flächen werden weiter reduziert, Gletscher verschwinden, Eisbären emigrieren in den Zoo. Die Meeresspiegel steigen weiter an bis hin zum Untergang ganzer Inselstaaten. Die Änderung der klimatischen Bedingungen haben aber nicht nur in Polynesien Folgen, sondern auch vor unserer Haustür. Wir werden künftig, und das befürchteten wir, immer häufiger lange anhaltende Dürreperioden, verbunden mit Missernten, bekommen. Hitzeresistentes Saatgut wird kurzfristig benötigt, um die Versorgungssicherheit der Menschen mit dem Nötigsten zu gewährleisten. Die Deiche werden in einem heute leider noch nicht gesehenen, geschweige geplanten Ausmaß erhöht werden müssen.

„Und, sind Wege aus diesem Dilemma möglich?"

Wege ja, haben wir zu uns gesagt, Realisierungen leider nicht! Warum wir das so gesehen haben? Ganz einfach: Wir (und wir zählten uns mit!) sind zu bequem, zu gleichgültig, auch zu überheblich, um die Gefahren, die unsere Kinder und Enkel bedrohen, verhindern zu können. Viele unserer Politiker sind in Lobbydenken verfangen. Die Treibhausgas produzierenden Fahrzeuge, die Massentierhaltung wegen des hohen Fleischkonsums, die Einschränkungen der Maßnahmen zur Energiewende aus unterschiedlichen Gründen, die Zerstörung der Ozonschicht durch den immens angestiegenen Flugreiseverkehr, das Abbrennen der Amazonas-Wälder – es gibt sicher noch viel mehr Gründe als die von uns erkannten … Leider waren wir uns in fast allem einig!

Beim Thema „Verkehr" sahen wir einen Hoffnungsschimmer, was die CO_2-Emissionen betrifft: die nicht mit fossilen Brennstoffen betriebenen Fahr- und Flugzeuge. Alternative Antriebsarten werden in Zukunft Erleichterungen bringen. Wir dachten da nicht an Elektro-Antriebe (die ihre eigenen Probleme mit sich bringen werden), wie sie zurzeit forciert in der Entwicklung sind, sondern an wasserstoffbasierte Brennstoffzellen und ganz allgemein an einen massiven Rückgang des Individualverkehrs, weil es sich nicht mehr lohnt, das eigene Fahrzeug zu nutzen. Aber wir dachten auch an City-Drohnen und Lilium-Jets in der Luft.

Die Erderwärmung sorgt für das Abschmelzen der Polkappen, eine Katastrophe für Mensch und Tier, postulierten wir übereinstimmend, dennoch: Schon heute laufende

Explorationen dort führen bereits zu enormen Gewinnen großer Konzerne.

Wenn, wie es manche Prognosen vorhersagen, dadurch diese Regionen eisfrei werden, gelangen im Verlauf dieses Vorganges ungeheure Mengen Süßwasser in das Salzwasser des Golfstroms. Dieses Wasser ist schwerer als das des Atlantiks, es sinkt hinab zum Meeresgrund und führt zu einer Verdünnung der Wasserströme, die in großen Tiefen zurück zum Pazifik fließen. Die Folge: Der Golfstrom wird langsamer, versorgt Europa nicht mehr in gewohnter Weise mit Wärme – es kann kalt werden. „Und dazu kommt vielleicht auch noch das Methan aus den Meeren, fürchte ich", fügtest Du hinzu, „kauf Dir warme Socken!"

„Wollen wir nicht zur nächsten Demo gehen?" Ich kann mich leider nicht dazu durchringen …

„Was macht eigentlich Dein Rücken, mein Freund?", fragte ich Dich, und damit waren wir schon beim nächsten Thema – „Krankheit" geht bei Älteren immer!

„Ach, frag mich nicht, denk an mein Alter!", war Deine Antwort.

Bevor unsere Gehirnzellen auf das nächste Thema einschwenkten, schenkte ich noch einmal nach – wir sprachen beim nächsten Glas über die Medizin im weitesten Sinne.

Niemand, so sagten wir, wird leugnen, dass sie mit ihren verwandten Gebieten in den letzten Jahren und Jahrzehnten riesige Fortschritte zum Wohle der Menschheit gemacht hat, zu keiner Zeit seit der Existenz des Menschen sind der durchschnittliche Gesundheitszustand und die Lebenserwartung, jedenfalls in der nördlichen Hemisphäre, so gut gewesen (Ausnahmen bestätigen, wie immer, die Regel). Dennoch werden, zumindest gesellschaftlich betrachtet, die Fortschritte in Biomedizin und Gentechnik Probleme in die Welt bringen – so meinten wir.

Forschungsergebnisse aus mehreren Ländern der Welt haben uns fasziniert, auch erschreckt. Da ist zum Beispiel das chinesische Forscher- und Ärzteteam, dem es nach eigenen Angaben gelungen ist, durch eine gezielte Gen-Manipulation bei zwei Neugeborenen das Risiko einer HIV-Erkrankung auszuschalten. Die Forschungsarbeiten auf diesem und ähnlichen Gebieten der Gentechnik gehen trotz mancher Verbote mit Hochdruck weiter.

Eine Forschergruppe in Israel befasst sich mit dem Züchten von Organen aus menschlichen Zellen, um irgendwann das Problem des Organmangels endgültig zu lösen – eine sehr interessante und zu begrüßende Entwicklung. Haut- und Gewebeimplantate werden im Labor gezüchtet. Andere Gebiete der Medizin und der Medizintechnik wenden sich verstärkt Ideen zu, mittels 3D-Druckern Prothesen herzustellen, auch hier profitieren wir schon heute und verstärkt in näherer Zukunft von guten Ergebnissen. Die Steuerung dieser Hilfen durch die Gedanken und den Willen ihrer Träger ist schon heute über das Experimentierstadium hinaus ...

Computergesteuerte Operationsautomaten assistieren dem Operateur, schon heute möglich bei minimal-invasiven Eingriffen. Sie sind seine dritte Hand, ersetzen den zweiten dafür sonst erforderlichen Arzt. Komplexere Operationen erfordern eine sehr intensive Vorbereitung, bildgebende Geräte (CT, MRT, CRT und andere) liefern exakte Informationen für computerunterstützte chirurgische Eingriffe, denn die Technik wird nicht müde und kann beim Führen des Skalpells nicht zittern ...

Noch exaktere Diagnosemethoden über den heutigen schon sehr guten Stand hinaus werden helfen, den körperlichen Status eines Menschen zu bestimmen und individuelle, optimierte Therapien zu entwickeln.

Ein Problem für die Welt wird jedoch die stark wachsende Bevölkerung werden. Medizinischer Fortschritt ist hier positiv wirksam, die schwindenden Rohstoff-Ressourcen und das immer extremer werdende Klima stehen dagegen – in wenigen Jahren (man schätzt 2050) werden es 10 Milliarden Menschen sein.

„Ist das denn überhaupt zu bewältigen?", hast Du mich gefragt und meine Antwort war: „Ich denke nicht, es gibt humanitäre Riesenkatastrophen!"
Die medizinische Versorgung, da dachten wir an unser Land, wird auf hohem Niveau erhalten bleiben, trotz des Ärztemangels in ländlichen Regionen und der Konzentration der Krankenhäuser. Telemedizin und optimierte Rettungsdienste werden daran einen großen Anteil haben, und auch die digitale Kontrolle der Vitalfunktionen kranker Menschen wird dabei mithelfen.

Ein weiterer Aspekt der Medizin, eigentlich der Verbindung von Biochemie und Informatik, ist die Manipulation der DNA von Lebewesen und sogar einzelnen Menschen. Wir sprachen über vielfältige Möglichkeiten zum Heilen, ja zur Ausrottung ganzer Krankheiten, wenn es gelingt, durch diese Techniken Medikamente auch gegen seltene Krankheiten zu entwickeln.

Hier könnte z. B. die Chromosomen-Struktur, die vielleicht zu einer Trisomie 21-Schädigung beim Kind führen würde, durch eine entsprechende Gentherapie bei Vater und/oder Mutter verhindert werden. Andere DNA-Veränderungen, angewendet bei Einzelnen, werden in nicht allzu ferner Zukunft wahrscheinlich auch Bipolare Störungen korrigieren können.

Die Gentechnik, bezogen auf Pflanzen und Tiere, wird helfen, das Nahrungsproblem der Weltbevölkerung zu erleichtern, obwohl heute Risiken und Nebenwirkungen noch nicht erforscht sind.

Unser Gespräch ergab leider, dass wir einige Wermuts-tropfen in das Glas dieser positiven Aussichten schütten müssen, denn die mit riesigen Entwicklungsschritten vo-ranschreitende Biochemie wird auch zu Ergebnissen füh-ren, die wir nicht gut fanden.

Wir stellten uns vor, dass eine Kinderwunsch-Klinik von einem Paar aufgesucht wird. Der beratende Reproduk-tionsmediziner legt den Klienten einen Katalog vor (viel-leicht auch elektronisch), mit dessen Hilfe (in einem fort-geschrittenen Stadium der Genmanipulationstechnik) künftig die werdenden Eltern auswählen können, welche Eigenschaften das Kind haben soll: Junge oder Mädchen, blond oder dunkelhaarig, groß oder klein ...

„Welche Chancen", werden so manche sagen und ge-gen einen entsprechenden Aufpreis ihr Wunschkind in vitro konstruieren lassen. In einem weiteren Entwicklungs-schritt der Möglichkeiten wird man den Intelligenzquoti-enten des Kindes, natürlich nur für ausgewählte zahlungs-kräftige Eltern, bestimmen können. Statt der In-vitro-Ma-nipulationen erwarteten wir für die hoffentlich sehr ferne Zukunft pränatale Methoden zur Optimierung von Embry-onen oder sogar Föten. So entstehen dann irgendwann op-timierte Wunderkinder – der Mensch spielt Gott! Homo Deus!

„Kennst Du von Ken Follet das Buch ‚Der dritte Zwil-ling?" Ich verneinte. „Wenn man es weiterdenkt, könnte man dann auch Menschen klonen wie damals das Schaf Dolly?"
Deine Frage hatte mich erschüttert, in ihrer Beantwor-tung waren wir uns einig. Die Aussicht, Menschen im

Mehrfachpack anzutreffen, ängstigte uns, und unsere Lebenserwartungen nicht überstrapazierend, fürchteten wir, dass sich sogenannte 'Wissenschaftler' bald über die Verbote derartiger Forschungen hinwegsetzen werden.

Schöne neue Welt – Aldous Huxley schrieb davon.

„Lass uns über Technik reden, mein Freund", sagtest Du. Dieser Punkt wurde von uns zügig angegangen, zuvor hatte ich aber noch eine Flasche von dem Roten geöffnet.

Die Digitalisierung war unser erstes Thema in diesem Komplex. Sie bezieht sich nicht nur auf die Automatisierung von Maschinen, sondern greift in das Leben aller Menschen massiv ein – es wurde ein großer Teil unseres Gesprächs! Manche fürchten sich davor, manche beten sie an: Informations-Technologie (IT) und Künstliche Intelligenz (KI). Die Welt der Daten wächst exponentiell – ihre positiven Faktoren z. B. in der Medizin haben wir erwähnt, Du erinnerst? Daten sind das neue Kapital der Mächtigen!

Ständige Weiterentwicklungen von Geräten und Anwendungen überschütten uns fast täglich mit Neuerungen, die für Menschen wie uns kaum noch nachvollziehbar, geschweige denn begreifbar sind. Die Jubler speziell in der Zielgruppe 'Konsument' greifen begierig zu! Wie sollen wir sonst verstehen, dass sich inzwischen Millionen Menschen einen Spion in Form einer Kommunikationsbox in ihr Wohnzimmer stellen, wohl wissend, dass mit einem solchen Gerät alles auf NSA-Servern gespeichert und dort ausgewertet werden kann? Wie sollen wir verstehen, dass sich die Sportlichen unter uns elektronische Armbänder anlegen, mit denen evidente Körperfunktionen gemessen, gespeichert und ebenfalls an zentrale Server gesendet werden, oftmals ohne Kenntnis der Geräte-Besitzer? Wie können wir verstehen, dass alle Gesundheitsdaten aller Bürger unseres Landes in zentralen Datenbanken zum Zugriff durch Forschung (und Wirtschaft?) gesammelt werden sollen? Und können wir nachvollziehen, welche Daten unser Pkw an den Hersteller liefert?

Nun, das Wissen der sammelnden Stellen ist vielleicht noch begrenzt, wächst aber von Tag zu Tag, von Stunde zu Stunde. Wer wird davon wirklich profitieren, haben wir uns gefragt.

Wir haben auch die Digitalisierung in Handel und Produktion betrachtet. Das Internet wird weiter erheblich wachsen, die großen US- und China-Konzerne werden über die ihnen vorliegenden riesigen Datenmengen unsere Einkaufsgewohnheiten ständig beeinflussen, denn alle Kaufaktivitäten von uns werden gespeichert und ausgewertet. In Produktionsbetrieben wird der Anteil der Menschen durch automatische Arbeitsprozesse erheblich zurückgehen, Verwaltungen und Banken setzen voll auf Personaleinsparungen durch intelligente Software-Systeme. Der Verkehr wird mittelfristig teilweise automatisiert, autonom stattfinden. Taxifahrer und Paketboten, Lkw-Fahrer, Servicekräfte und viele andere werden die Leidtragenden sein.

Die Digitalisierung wird mittel- und langfristig zum Verlust von vielen Arbeitsplätzen führen, und diese Verluste nicht nur an mäßig qualifizierten Stellen kann nicht durch Umschulungen aufgefangen werden. Es kam die Frage – von Dir, von mir? – auf, wie der Staat darauf reagiert. So sahen wir es! Etwas fiel mir zur KI ein, das Stephen Hawkings schrieb. Er erwartete, dass sie sich langfristig autonom weiterentwickeln wird und vom Menschen u. U. nicht mehr beherrschbar sein wird!

„Bist Du eigentlich Soldat gewesen, hast Wehrdienst abgeleistet?" Deine Antwort: „Nein, ich habe verweigert!" Schon waren wir beim nächsten spannenden Thema, dem Krieg der Zukunft. Wir stellten fest: Künftige Kriege werden überwiegend nicht auf Schlachtfeldern, sondern von bequemen Bürosesseln mit Hilfe der hochentwickelten Computersysteme geführt! Eine steile These? Wir meinten nein. Bereits heute erfahren wir vom Einsatz hochtechnisierter und natürlich unbemannter Drohnen, die präzise Ziele bekämpfen, die Tausende Kilometer vom Befehlsgeber entfernt sind. Computergesteuerte Marschflugkörper, von festen Basen oder auch Schiffen abgefeuert, treffen schon heute auf den Meter genau. Um zum Beispiel eine bedrohlich erscheinende Atomanlage zu vernichten, bedarf es lediglich einer endlichen Menge derartiger Kampfdrohnen und Geschosse. Parallel dazu wird dann in Zukunft die digitale Blockade der Infrastruktur des jeweiligen Gegners gehen, der so daran gehindert wird, geeignete Abwehrmaßnahmen zu treffen. In derartigen 'Kriegen', die man eigentlich nur als Vernichtungsfeldzüge bezeichnen kann, gibt es jeweils nur einen Sieger: den hochtechnisierten Angreifer. Erschreckend ist, dass man auch über autonome Waffen nachdenkt!

Zusätzlich erfolgt die Konditionierung der für Landeinsätze bestimmten Soldaten. Subtile Methoden zur Bewusstseinsmanipulation machen aus menschlichen Soldaten Kampfroboter. Der Einsatz sogenannter EPOC-Helme, weiterentwickelt aus bereits heute in der Versuchsphase befindlichen noch kabelgebundenen Geräten, verstärkt die menschlichen Eigenschaften wie Kampfeswille, Aufmerksamkeit und auch Todesmut. Ein Einsatz dieser Helme, gesteuert von einer Leitstelle, wird bei Bodenkämpfen, wie sie lokal auch in den kommenden Jahrzehnten immer wieder aufflammen werden, ein taktischer und auch ein strategischer Vorteil sein – Menschen als Kampfroboter!

Die Waffenexporte werden weiterwachsen. „Gibt es eigentlich eine Statistik über die Anzahl Toter je Milliarde Umsatz?" Wieder eine von uns nicht zu beantwortende Frage …

Es war schon weit nach Mitternacht, als wir das letzte (aber nicht unwichtigste) unserer Themen bedachten: Unsere Erwartungen für die Gesellschaft. Das stetige Auseinanderdriften der gesellschaftlichen Gruppen, die Vereinzelung der Menschen, das Zerfallen der Familien sind die Hauptmerkmale der aktuellen Entwicklungen. Das inzwischen schon als normal geltende Kommunizieren über Chatsysteme wie WhatsApp und andere, bereits bei Schulkindern das einsame Spielen von Internet-Spielen statt gemeinsamer Aktion mit Freunden – all dies führt heute und vermehrt in der Zukunft zu einer sozialen Isolation großen Ausmaßes. Ergänzend erwarten wir, so haben wir es gesagt, dass in Zukunft noch weit mehr alte Menschen in Heimen leben werden (jedenfalls soweit die wirtschaftliche Situation ihrer Kinder dies zulässt), denn eine Betreuung durch eigene Kinder (so man denn hat!) ist aufwendig.

Die Durchmischung der Gesellschaft mit in unserem Land bisher wenig vertretenen Ethnien (z.B. Menschen aus Afrika) könnte zu einer toleranten, weltoffenen Bevölkerung führen, wenn nicht die vorherrschenden Ressentiments gegenüber allem Fremden dies verhindern. Fakt ist jedoch: Die Zuwanderung führt zur Verstärkung von Differenzen zwischen den 'alten' und den 'neuen' Einwohnern. Gerade vor dem Hintergrund der mittelfristig schwindenden Arbeitsplätze wird es nach unserer Meinung verstärkt zu Spannungen kommen. Die Entwicklung von Parallelgesellschaften in bestimmten städtischen Regionen ist schon heute vom Staat nicht mehr beherrschbar und wird sich verstärken. Einzige Gegenmittel sind die Beseitigung der Migrationsursachen in den Heimatländern und die Integration der Fremden, wir sahen dabei aber durchaus die Probleme.

Mein Freund! Wir hatten zugebenermaßen nicht sehr optimistische Gedanken über die Zukunft. Dennoch will ich im Frühling ein Apfelbäumchen pflanzen ...

Wir sollten auch einmal über Kunst und Kultur reden, mich würde es freuen!

Ich grüße Dich!

Bildnachweis

Generierungen mit Programm DALL-E nach Vorgaben des Autors auf den Seiten 7, 8, 13, 21, 32, 43, 53, 67, 83, 98, ebenso die Kaleidoskop-Bilder in Titel und Schmutztitel

Eigene Fotos des Autors auf den Seiten 7 und 109

Cover-Hintergrund von Linus Keßler

Alle Rechte an den Bildern und den zugehörigen DALL-E-Prompts beim Autor